秋川リサ

60歳。だからなんなの

まだまだやりたいことがある

さくら舎

はじめに

60代はまだまだ成長期！

10代の頃、自分が60代になることなど想像もしなかった。というよりは、あり得ないと思っていたのかもしれない。

私を育ててくれた祖母は、58歳の時に初孫である私を得た。当時の写真が白黒で残っているが、その姿はどう見ても、おばあちゃん。和服を着、白髪をお団子にまとめて、猫背でちょこんと畳《たたみ》に座り、しわくちゃな笑顔。

これが、58歳の現実であるなら、60代なんて、もう死に損ないのヨボヨボばあさんのイメージしか当時は持てなかったのだ。

だが、どうだ。今、60を越して残りの人生50年はないにしても、まだ死ぬ気はないし、やりたいこともいっぱいあるし、それ以上に、もっともっと成長したいのだ。

いい年したババ～がなに言ってる。
その、いい年っていう自覚がないのだ。
まだ、いい年になっていないのだ。
本来ならば酸《す》いも甘いも嚙《か》み分けた60代、立派な大人になってい
るものと期待していたが、まったくの期待ハズレだったのだ。
じゃ、どうすればいいんだ？
できるなら、これから何年かけてでも、立派な大人になってみた
いのだ。
まだまだ、お役に立てる人材でいたいのだ。
この世から旅立つ時まで。

◆目次

第2章　確執があった母を送る

第3章　自分から介護の仕事に飛びこむ

第4章　誰もがいつか介護される側になる

60歳。だからなんなの

まだまだやりたいことがある

第1章　60代になって何が変わった？

還暦を迎えたけれど

なぜ若ぶりたくなるのか?

60代になって、何か変わったことはあっただろうか? 体力は確かに衰《おとろ》えてきた。一日にいくつもの仕事をこなせた頃に比べれば、午前中に張り切り、体力の配分を考えて行動をしないと、疲れた~という言葉が何度も出てきてしまう。

よいしょ、どっこいしょも増えた。でも、それはいけないことでもない。ギックリ腰を30代で経験した身としては、若ぶって、すばやい身のこなしをするよりは、さ~今から立つぞ、しゃがむぞと、関節に命令してから行動するほうが安全だ。

なぜ、若ぶりたくなるのだろうか? 誰だっていつまでも若々しくいたい。でも、それは外見のことだけだとしたら、違うのではないか? 内面の若々しさが大事だよ。

20代だって、心がババくさい子もいるわけだし、なんて言い出したら、それは若さに執着しはじめた初期症状だと思う。私にも、その初期症状が50代にはあった。若く見える化粧を研究したり、若い子は何に今、興味があるのか探ったり、若者の評価が高いレストランに行ったり。でも、そうしたからって、若くなったとは思えなかった。

若く見せたいって、誰に向けてのアピールなのだろう？　家族や女友だち、同僚に対しても充分あるが、結局、男目線に向けてが多いのではないだろうか。

あきらめるのはやめようよ

同窓会に行って、すっかり禿《は》げてオヤジになった同級生たちに、

「君はいつまでたっても、若いね」

と言われて、悪い気がした女性はまずいないだろう。

「30過ぎたらババ～だよ、お前も」などと、自分の年は差しおいて、テレビで笑いながら女性を罵倒《ばとう》するタレントに、イラッ、ムカッとしながらも、ドキッとする。

ちょっとおしゃれをしてみたら、グチャグチャ口をならしながら食事する亭主に、

「お前、いい年して、そんな格好すんなよ。みっともない」

などと言われ、殺意を感じる。

「○○さん、18も年下の女性と再婚したんだって、羨《うらや》ましいな〜、男の誇《ほこ》りだな」

「○○女史、12も年下の男と結婚だってよ。男は財産狙いか？　それとも、女史、最後の狂い咲きか」

と笑いながら話す男どもに、セクハラ、女性蔑視《べっし》だと抗議することもなく、ここはフランスではないとあきらめる。

恋愛に、年の差なんて男女共に関係ない。愛の深さは、年齢差を超えるものだ。

フランス人はそう言うが、残念ながら、ここは日本。日本の男性は、若い子好き文化の人が多い。自分に自信を持てないからだという説もあるが、そこに生まれた日本女性の中には結婚、育児が終わる頃には、女であることも、これからの人生の楽しみもすっかりあきらめ、

「もう、年だから、私、世の中のことよくわからないから、専業主婦だし」

と言って、何も考えないようにしようとする人も多い。

もう、そういうのやめようよ。

今や女性は結婚、育児のためだけに生まれてきた時代じゃない。

ましてや、どっかで女性蔑視をしている男どものために生まれてきたのでもない。専業主婦だろうが、働く女史だろうが、自分だけの自分らしい人生を謳歌《おうか》しよう。それができるようになるのが、仕事で一区切りも二区切りも、いや、もっと多くの山や谷を乗り越え、また妻や母の責任や義務を終えつつある、今なんだと思う。

「いい年して」と言われても

見た目の若さはなくなり、体力も落ちたかもしれないが、「それがどうした」だ。男目線を意識すればするほど、若さへの執着をする。

若く見せたい、若く見えたいという、若さへの執着があればあるほど、周りの目を気にし、他人の意見に翻弄《ほんろう》され、自分らしさを見失う。若さへの執着が深いほど、周りは口には出さずとも〈痛いね〉〈ちょっとみっともない〉と思っていて、それでも当人は気がつかない。

それより、自分のためのお化粧やおしゃれ、自分へのご褒美《ほうび》の外食や旅行、今まで時間がなくてできなかった新たなる知識への勉強、趣味の極《きわ》みを追求、それらを自分のためにするのに、若く見えるかなんて関係があるだろうか？

むしろ、若さへの執着をやめた時に、若々しい行動になるのではないだろうか？

「ババ〜になったね」「いい年して」と家族や友人や若者に言われても、腹立てることはない。今、若さに酔ったり、若さに執着して生きている人に、こう言い返せばいい。

「大丈夫、神様はみんなに平等に年を取らせてくれるのだから、あなたたちも必ずジジ〜ババ〜になるのよ。その時、自分のための自分らしい生き方をしているか楽しみにしているわ」

と何事にも執着を捨てれば、新しい発見があると思うのだ。

年取るのって怖くない？

隠れ中島みゆき派

若い頃、好きな男に振られると、

「死んでやる」

なんて叫んだものだ。

私の青春時代は、中島みゆき派と松任谷《まつとうや》由実《ゆみ》派（当時は荒井由実だったが）とに分かれ、私は圧倒的に隠れ中島みゆき派だった。

当時、私は明るい、何の悩みも持たない、元気で健康的な女の子のイメージで、いろいろな企業コマーシャルに出ていた。

【リサでございます】のタイトルで「アンアン」に、楽しく明るい特集ページがあったりして、本当の自分自身と、雑誌やコマーシャルでイメージされている自分とは違うのに、というギャップに悩んでいた。
当時の私は、自分に自信がなく、些細《ささい》なことでグチグチ悩み、人前では明るく振る舞うものの、夜ひとりになると落ちこみ、誰かに相談しても、「みんながあなたを羨《うらや》ましいなと思っているのに。仕事やめたいとか、本当の自分をわかってほしいなんて、贅沢《ぜいたく》な悩み」

と一笑され、〈誰もわかってくれない〉と、孤独感を感じていた。
そんなときに、
《途《みち》に倒れてだれかの名を呼びつづけたことがありますか？》
《うらみます～～あんたのこと　死ぬまで～～》
なんて、歌われた日にゃー、私をわかってくれるのは、中島みゆき様しかいないと、密《ひそ》かに思っていたが、私の仕事上のイメージから、松任谷由実派と偽《いつわ》っていた。

心の転機

そんな私だったから、ボーイフレンドができて、おつきあいを始めても、他にも誰かいるんじゃないかと疑い、嫉妬《しっと》深かったり、すぐにグチグチと悪いほうにばっかり恋の行方を想像したり、電話がかかってこないと家まで押しかけたり、それらはすべて、自分に自信がないことの為《な》せる業《わざ》だった。

相手はあまりに思っていたイメージと私が違うので、

「ちょっと重すぎる。もっと楽につきあいたかった」

と別れを切り出され、私は周りも気にせず、道に倒れて、

「死んでやるー」

と叫んでしまうわけだった。

やっと最近、どうにか自分にも自信がつき、

「えっ、最近？　嘘《うそ》でしょ！」

と友人からも驚かれるが、それは、私にとってはシングルマザーになって２人の子どもたちの育児と仕事の両立、やっと子どもたちも社会にご迷惑かけることもなく成人し、安心した矢先、認知症になった母の介護、それらを支えるためにがむしゃらに、長年働き続けた自分を少しは褒《ほ》めてもいいのかなと思ったときに、はじめて自分に自信を持ってもいいのかもしれないと思えたのだ。

そうなってみると、男のためになんかで死ねるか～～と思いはじめた。

まっ、恋い焦《こ》がれる男も残念ながら、今はいないが、78歳で彼氏と同棲を始めた母の血を引く私だもの、これからあらわれるかもだが、どっちにしても、男のために死のうとは思わない。というより、自分から死ななくても、死が着実に迫ってくる年代になったのだ。

がん宣告を受けた友人の本心

誰にでも平等にやってくる死が怖くないと言ったら、嘘になる。でも、私だけが逃《のが》れられるわけでもなし、明日死んでも「若すぎる死」と、お世辞《せじ》で言われても、それほど驚かれる年代ではない。

女性の平均寿命まで、あと二十数年、長いというよりは、あっという間だろうと思える年代でもある。しかも、認知症にならないという保証も自信もない。

「認知症になるくらいなら、がんになって余命宣告されるほうが絶対まし。身のまわりの整理もできるし、遺言も書けるし、会いたい人にも全員会ってから死ねるし、認知症になって家族に迷惑かけなくてすむもの」

と言っていた認知症介護をしたことがある友人が、がん宣告を受けた。早期発見ではなく、手術を受け、抗がん剤治療をし、今後も経過を見ていこうということになった。

余命宣告はされなかったものの、彼女はあと何年生きられるのか、お医者様に聞きたい反面、はじめて認知症になりたいと思ったという。

「だって、死ぬんだよ。怖いじゃない。父が認知症になって、どれほど家族に迷惑かけるのよって、腹立ったけど、もう自分がいくつか、家族が誰だかもわからなくなって、死ぬ時もきっとよくわかんないうちに、死んだんだと思うの。苦しそうじゃなかったもの。でも、がんで死ぬのって、めちゃくちゃ痛いっていう人もいるじゃない。痛いのは私、嫌《いや》なのよ。怖いのよ。私、死にたくないの、まだ。はじめて、ボケたいと思ったの」

これが本心だと思う。健康だと思える時は、死がいつか来るとわかっていても、いくつになっていても、どこかでまだ、大丈夫だと思えるし、思いたい。

でも、現実に死もあり得る病気になって、本当に死が身近に感じた時、いつか人間は死ぬとわかっていても、諍《あらが》うのが人間だと思う。

認知症は、もしかしたら死の恐怖を和《やわ》らげ、忘れさせてくれるのであれば、彼女の言うように、認知症になるのも悪くはないかもしれないが。

病気で死ぬにしても、認知症になって死ぬにしても、老衰《ろうすい》で死ぬにしても、今から覚悟が必要なのだと思う。明日死ぬかもしれないし、寿命は神のみが知ることなのだから、死から逃れる道はないのだから。だから、いつか人間は死ぬという覚悟が必要だ。

「生かされているだけで丸儲け」

社会の役に立たない人間っている？

老後って、いつからのことを言うのだろう。サラリーマンなら、定年退職した時？　でも、その後も働く人がいるし、生涯現役と、会長業や社長業を退《しりぞ》かない人は男女共にいる。

専業主婦の人たちは、亭主がぽっくりいってくれない限り、いつまでも現役だ。本当にご苦労さま。だから、早めに夫が死んでくれると、主婦たちは綺麗《きれい》になり、いきいきし、第二の青春を謳歌している人も多い。それでは、老後とは呼べないだろう。定年のない職業も多く、私もその口だ。

で、考えてみたら、「老後はどうお過ごしですか？」や「老後はどうお過ごしになりたいですか？」は、質問する側が完全に相手を年寄りと決めつけ、現役を退き、社会に役立つこともないと思いこんだ上での質問のように聞こえてしまう。

社会に役立たなくなった人間は、なるべく短く、人に迷惑をかけず、ひっそり、こっそりあの世に行ってくれ。その期間を老後というのであれば、なんとも悲しい言葉だ。

年を取ったから、現役を退いたから、社会の役に立たない人間っているのだろうか？　確かに、認知症になった母は、周りに迷惑をかけることが多く、何の役にも立っていなかったように、当時は思った。だが、最期《さいご》を看取《みと》って1年も経つと、母のおかげで私は学んだこと、知ったことがたくさんある。

認知症への理解、上質な介護への探求、私の今後の生き方の道しるべ、そして何よりもありがたかったことは、孫たちへ介護の現実を見せることで、いずれ人は年を取り、誰かの手を借りなければ一日も過ごせなくなり、死で終結するということ。

ゲームや漫画や映画でしか見たことのない死を、孫たちは目の前で体感したのだから、いくばくかは人生観、死生観が変わっただろう。そして、彼らは気づいてくれた。いずれ、自分の母親の最期は自分たちが看取らなければいけないこと、その前に介護が必要になった時は、何かしらの手を差しのべなければならないということを。

こんなこと、学校では教えてくれない。何の役にも立ってないよと思っていた認知症の母が思い出とともに残していってくれたものは、家族の絆《きずな》だった。

私と母はいろいろあって、親子として確執《かくしつ》も多々あったが、最後に私が産んだ子どもたちへの愛や絆を深めてくれたことは、あえて反面教師という言葉を使うけれど、私の母は母の役割をしっかりやって旅立った。

自分の体を献体に出す人もいる。現役を離れても、ボランティアで戦争の悲惨さを語り部として伝え続ける人もいる。シルバー人材として、匠《たくみ》の技《わざ》を教える人もいる。また、反対に、リタイアしたからこそ、跡取りがいない技術を伝承しようと習う人もいる。

何かしら人間は、役に立つから生きているのだと思う。

「生きているだけで丸儲《まるもう》け」と言った方がいらっしゃるが、私は最近、「生かされているだけで丸儲け」と思うようになってきた。

今や老後の真っただ中？

私の老後の期間は、この「生かされているだけで丸儲け」と感じはじめてから、旅立つまでだとしたら、今や老後の真っただ中だ。できる限り、現役で仕事はするが、私の仕事は需要があってのこと。いつお払い箱になっても、不思議ではないのも事実だ。

でも私は生きなければならない。そのためには、何が必要か。先立つものはお金だ。夢がない話になるが、これが現実なんだ。

母の介護の話を本に書いたら、地方での講演のお仕事がやってくるようになった。過疎の村もあれば、都会から移住者を募集して住みやすい高齢者の村にと、頑張っている村もある。でも、そこでのおじいちゃん、おばあちゃんは嘆く。

「都会に仕事で行った子どもがいずれは村に帰ってくるから、それまで住む家の頭金を少し出してくれって言うから、畑半分売って金やったのに、帰ってくるどころか、年に1回来ればいいほうだ。夫婦とも今は元気だが、いつどうなることか？　家買ったんだから、畑全部売って、こっちに来りゃいいって言われても、都会なんか、よう住めんわ」

〈子どもは親に甘える時は、可愛いこと言うのさ。でも、都会で嫁や子どもができて、都会の環境に慣れちゃったら、ど〜〜んなに便利で楽しいか。自然なんて、くそくらえだって思うよ。生まれた村に戻ってくる子どもは、１割もいないよ。だから〜〜〜畑売って、金なんか出しちゃダメなんだよ。ばあちゃん、じいちゃんの気持ちもわかるけど、もう子どもや孫のために大枚使うのは、おやめ！　大枚使い切ったら、寄りつきもしないよ。だって、ここに来るのに、私だって空港から車で４時間もかかったんだもん。しかも、冬は雪もすごいんでしょう？　できれば来たくなくなっちゃうって。それより、反対に都会から移住してきたリタイア組に、あいつらよそ者だからとか言わずに、畑仕事教えてあげたりして、村で協力しあって、自分たちの幸せな日々を、自分の力で作りなさい。村を捨てた子どもなんか、こっちから捨てろとまでは言わないけど、あきらめな〉

と私の思う親子の現実を、やさしい言葉を使っておじいちゃん、おばあちゃんに伝える。

そうなんだよ。子どもたちのためにと思ったことでも、親子ともども月日が経てば、お互いに立場、家族構成、経済力も変わってくる。

お金は自分のために

自分の子どもが、親も年取ってきたなと思う頃には、最近は晩婚なので、子どもたちの子ども（孫）は一番お金のかかる学生だったりする。

息子、娘の子どもら（孫）が成人し、ホッとする頃には、彼らの家ではローンがやっと終わり、年金生活か再就職で、前ほどの収入もなくなり、自分の老後の心配をしはじめる。

そんな時に、老々介護なんかできるか！　そう子どもたちが思ったって、不思議ではない。ましてや、女房の親たちも介護が必要になってきたとしたら。嫁に行った娘にだって同じことが言える。

だから、子どもたちに何かを残そう、子どもたちにいい思いをさせてやろうと見栄《みえ》をはるのは、自分が老後と思いはじめたら、やめておこう。少子化の上、子どもたちに未婚者、晩婚が多いこの時代、老後は自分の力で生き抜くのだ。介護のためにキャリアを無視し、子どもらに介護離職を望むなど以《もっ》ての外《ほか》。

自分の介護施設を予約するために、畑、家を売るもよし。それらを貸して収入源にするもよし。

ただ一つ、注意したいのは、なぜそうするかを、事前に必ず親子で話しあっておこう。残念ながら、私の知人で、誰にも相談せず、家を売り、介護施設に入って、親子の断絶を作ってしまった人がいる。

父親曰《いわ》く、「俺の作った財産だ。いい施設が見つかったから、その金を使っただけだ。俺がどうしようと、勝手だろう」。

子どもは、「老後のことも何も相談なく、こっちはいずれ二世帯住宅を作って一緒に住もうと思っていたのに。土地もなくなったら、それもできない」。

親父曰く、「俺の土地をあてにしていたとは、がっかりの子どもだ」。

父親は施設に入ったが、すぐに弁護士を成年後見人にし、親子は顔を合わせることはなかった、死ぬまで。

そして、子どもが父親の死を知ったのは、荼毘《だび》に付された後に弁護士から聞いたという。それも、遺言に書いてあったからで、弁護士は職務を果たしただけなのだろうが、なんとも寂しい話だと思った。

その人は、お金持ちだったからでしょうと言う人も多いが、実は、死後、遺産相続で揉《も》めるのは、大金ではなく、数百万が多いと言われている。

第2章　確執があった母を送る

ああ〜母は旅立った

原因不明の腫れ

２０１６年６月20日午後９時。
母は、私と私の息子、娘、近所の私の友人一人に見守られる中、息を引き取った。享年《きょうねん》89歳だった。

その日の2ヵ月くらい前から、私の左足首は日に日に腫《は》れあがり、痛みで歩くのも困難になっていた。

近くの総合病院で診《み》てもらったが、はっきりした原因もわからず、痛み止めが出され、冷やして様子をみてみましょうで終わった。

それでもいっこうによくなる気配はなく、近所で評判のいい整形外科にも行った。やはりレントゲンには何も映らず、細菌性の場合もあるかもということで、血液検査をすることになった。検査結果が1週間ほどかかるということだった。

仕事場で、赤ちゃんの頭大に腫れあがった私の足首を見たマネージャーに、仕事に支障が出ては困ると、深夜の救急病院に連れていかれた。

「今、血液検査の結果待ちなの。レントゲンには何も映らないの」と私が言っても、マネージャーは、「いや、違う病院でだったら原因がわかるかもしれないから。こんなに腫れているのにわかんないなんてあり得ない」と言う。

案の定、「これといった原因が見当たりません。血液検査の結果待ちでしたら、検査結果を持って、昼間いらしてください」で終わった。

血液検査の結果が出る前日、娘と久しぶりに夕飯を食べて、足の話をし、腫れを見せた。

「ママ、これじゃあ、まともに歩けないじゃない。明日、結果教えてよ。それでも、原因がわかんないとか言われたら、わかるまで徹底的に病院探すからね」

次の日の朝、娘から電話が来た。

「ママの携帯の電源、切れてない？　おばあちゃんがいる介護施設から電話があって、ママの携帯通じないから、私に電話したって。昨日の夜から、おばあちゃん、血みたいの吐いてるから、今から病院に入院させるって。手続きとかあるから、家族が誰か来てほしいって言ってるので、私、行くよ。仕事休めるから。ママ、あの足じゃ来られないでしょ。なんかあったら、連絡入れるから、携帯通じるようにして……あれ、今、通じてるね。えっ、なんか気持ち悪い。まっ、とりあえず行ってみるから。血液検査の結果が出たら、教えてよ」

私の携帯には、なぜか介護施設からの連絡の履歴はなかった。

延命措置はしない

昼過ぎ、娘から電話が来た。

「腸閉塞《ちょうへいそく》みたいで、内臓が腐りはじめてるって、お医者さんが言うの。本来なら、すぐにでもお腹切るところなんだけど、高齢だし、手術は無理だって。それと、延命措置は望まないっていう、ママのサインが入っている書類も、介護施設のほうから届いているから、本当にそれでいいんですかって言うのよ。いいんだよね、延命措置しなくて」

「えっ、それって、今日危ないってこと？　家族呼べとか言われた？」と私は聞いた。

娘は「私もそう思って、お医者に、危ないんですかって聞いたんだけど、そんなことは、誰にもわかりません。何日も、頑張る方もいらっしゃいます。それよりも、延命措置っていうことを本当に理解して、この書類にサインしたのか、確認とってください、だって」

確かに、私は、何かあった時に延命措置をするかしないかの、介護施設の書類にサインしたことは、はっきり覚えている。

心臓マッサージＡＥＤ（自動体外式除細動器）や人工呼吸も拒否すると、救急車に乗せてもらえない時もあるのでと言われ、それらは拒否しなかったが、家族の許可なく人工呼吸器や人工心肺装置の装着は拒否とサインした。

それは、私ひとりの考えではなく、母は認知症になる前から、自分の意思《いし》で尊厳死協会に延命措置拒否の意思を登録していたからだ。

私は母の意向も汲《く》んだつもりだった。

娘に、「延命措置の意味はわかった上で、延命措置はしないとサインしています。それはおばあちゃんの意思でもあるから、と伝えて」。そして「今から、私も病院に行って、私の血液検査の結果を聞いてくる。それが終わったら、また連絡する」と言って電話を切った。

「血液検査の結果、何も悪いところはありませんでした。というより、お年の割には健康そのもので、驚きました。細菌とかの感染もありません。ああ、でも、かなり腫れてますね～。とりあえず、炎症を抑える薬を出しますので、それを飲んで、様子をみましょう。細菌感染とか何もなくて、よかったです。また、来週にでもいらしてください」と医者は言った。

全然、よくないよ。結局、原因わからずってことじゃない。

娘に電話を入れると、

「看護師さんが、プルス（脈）弱いね。バイタル（生命の兆候）70いかない。個室に移しましょうって、お医者さんと話してる。ママ、意味わかる？」

私は、その当時、週に2～3日老人介護施設で働いていたので（なぜかは後述するとして）、看護師さんが言っている、その意味がわかった。

脈も取りづらく、血圧も下がりっぱなしの、つまりはもう危ないってことだ。

「お医者がはっきり言わないんだったら、看護師さんに聞いて。家族呼んだほうがいいですよねって」

「わかった。聞いたら、すぐ電話する」

すぐに娘が電話してきて、

「来られる人は、来たほうがいいみたい。お兄ちゃんにも連絡しておく」と言った。


「おばあちゃん、行ってらっしゃい」


私も、急いでおばあちゃんの病院に行かなきゃ。

だが、そこで困った。そろそろ、帰宅ラッシュが始まる時間。母の入院先は埼玉。混むであろう電車を二度乗り換えて、１時間近く立っていかなければならない。

困った。行かないわけにはいかないし、足は思うように動かない。誰かいないか、車持っていて、夕方、暇な人。

いた！　Ｙ君、オートバイ屋さんで働いていて、平日休みって言ってた。もしかして、今日休みだったら……。

「Ｙ君、実は、おばあちゃんが危ないの。病院まで、バイクで連れてってくれない」

Ｙ君は、私の足の状態など理解してくれた。

「30分後に、自宅に迎えにいくから、待ってて」

娘にもその旨《むね》を伝え、30分待つ間に、私は知り合いの葬儀屋さんに連絡を入れた。前々から、母の最期《さいご》はお願いすることを頼んでおいたし、どのような葬儀をしたいかも伝えてあったので、もし今日中に事が起きたら、すぐ対応できるよう準備してほしいとお願いした。

我ながら、あまりの段取りのよさに自己嫌悪《けんお》。

母の死を、早くと望んでいたわけではないが、認知症を発症し、2年の在宅介護、3年間の有料老人ホーム暮らし、やっと入れた特別養護老人ホームで2年、もうこういう日がいつ来ても不思議ではないという、覚悟ができていたのだと思う。

ラッシュの高速道路の車の脇をすり抜け、Y君の見事なライディングテクニックに身をまかせつつ、後部座席でハラハラ。途中で、突然雨が降ったかと思うとすぐに晴れ、綺麗《きれい》な月が顔を出した。

多分、母は、今日、旅立つと思った。

病院に着くと、息子と娘がいた。

「ほら、おばあちゃん、ママが来たよ。ママに何か言うことないの？」

娘は言ったが、もはや1年以上前から家族の顔も名前も、言葉すらも忘れてしまった母は、言い残すこともなく、私が着いて45分後に息を引き取った。

そんなわけで、バイクで送ってくれたY君は、何が何だかわからぬ展開の上、帰るチャンスも逃《のが》し、近所の友人の家族の死に際《ぎわ》に立ち会ってしまったわけだった。

７年間の介護は、長かったのか、短かったのか？

私なりに、できる限りのことはしたつもりだが、医者から、「ご臨終です」と伝えられた時、私は、

「おばあちゃん、行ってらっしゃい。私も、いずれそちらに行くからね」

という言葉が口に出た。

すると娘も、「おばあちゃん、行ってらっしゃい。チェリー（享年17歳の愛犬）が、あの世の入り口で待ってるから、今度はおばあちゃんがお散歩連れてってもらってね」

息子は何も言わず、はじめての身内の死を受けとめているようだった。

そうだ、次は、私の番なのだ。

その日が来るまで、どう生き、何を家族に伝え、どこでどう死にたいのか？

誰に見守られたいのか？　私は何を準備すればいいのか？　お墓は、お葬式は？

母を茶毘《だび》に付し、ああ～母は旅立ったのだと、実感が湧《わ》きはじめた初七日《しょなのか》あたりに、私の足の腫れはすっかり引き、痛みもなくなった。

あの時、私の足に異常がなければ、仕事を休んでいなかっただろうし、母の最期に立ち会えなかったかもしれない。

母が選んだ生き方

未婚のまま私を産んだ母

母は昭和２年（１９２７年）、東京に生まれた。

父親は新聞記者、母親は元新橋《しんばし》芸者。

母の両親が正式に結婚したのは母が小学校高学年の頃だったという。

母には下に２人の弟がいたが、ひとりは死別した本妻さんの子どもで、想像するに、本妻さんが亡くなったのを機に、私の祖父母、母の両親は正式な夫婦になり、異母弟を含めて５人家族になったようだ。

かなり裕福な家庭だったらしく、夏は毎年、千葉の別荘で過ごしたことを、母は、

「あの頃が一番幸せだった」

と事あるごとに言っていた。

小さい頃からおしゃれが好きだった母の青春は、第二次世界大戦によって無残な思い出しかないと、いつも嘆いていた。

昭和20年（1945年）、敗戦を迎えると、私の祖父、母の父親は傷心の果て、どさくさの中、学校を卒業したばかりの私の母と弟たちを残して、ひとり故郷に戻ってしまったという。

私の記憶でも、祖父と会ったのは数回しかない。

東京に残された家族は、自分たちでお金を稼ぐため、祖母は針仕事、母は駐留軍のレストランで働きはじめた。

朝鮮戦争が始まり、日本もそれにあやかり、経済成長する中、母はアメリカ空軍の技術者だった私の父と出会い、恋に落ちた。でも父は、本国アメリカに妻のある身。母は昭和27年、未婚のまま私を産んだ。

今でこそ「ハーフっていいな〜」なんて言われる時代になったが、戦後すぐに駐留軍兵士を相手に、特殊慰安施設協会という性的サービスをする施設ができ、公の施設は数年で廃止されたようだが、暗黙の了解でその手の店は、全国にあった時代だ。

米兵から一般女性が強姦される事件が戦後頻発《ひんぱつ》し、そのような施設を作らざるを得なかったのかもしれないが、そこで働く女性たちの多くは、騙《だま》されて連れてこられたり、戦争孤児ゆえ仕方なく働いた女性も多かったという。

彼女たちは、日本人からパンパンと呼ばれ、同国民に危害が及ばぬよう雇用されたにもかかわらずバカにされ、蔑《さげす》まれ、避妊の知識も薄かった女性もいて、混血児も多く生まれた。

戦後７年とはいえ、まだまだ混血児に差別のある時代に私は生まれた。

祖母の教え

私の父は、ベルリンに赴任《ふにん》することになり、私の顔を見ることなく日本を去り、仕送りも滞《とどこお》るようになったらしい。

母は、友人とスナックを始めた。酒も飲めずタバコも吸わず、プライドが高く、無愛想な母が生活のためとはいえ、スナックを始めたのは苦渋《くじゅう》の選択だっただろう。

母は、日々の不満をすべて男に頼ることで解消しようとするようになっていった。

母がスナックを潰《つぶ》し、生活が二進《にっち》も三進《さっち》もいかなくなり、私が働きはじめる15歳になった年まで、

「この人をお父さんと呼びなさい」

という男性は3人いた。

家に帰ってくることも少なかった母の代わりに、祖母が私を育ててくれた。明治生まれの元新橋芸者の祖母は、たいへん厳しい人で、何につけても一番を目指せという人だった。

「あなたのように、なかなか人に理解をしてもらえない境遇で生まれた子どもは、人の倍以上の努力でもしない限り、認めてもらえません。人と違う風貌《ふうぼう》を武器にして、人と違う個性を活《い》かすには、きちんとした教育と躾《しつけ》、それと幅広い知識を持つこと、男に頼って生きてはダメ。手に職を持つなり、一生自立できる環境を自分で作りあげなさい」

祖母は、事あるごとに、「あなたは自立した女性になれ」と言い、「孫のように、日本では生きがたい子どもこそ、高等教育が必要だ」と学校長に掛けあい、国際的子女を育成するというカトリック系の小中学校に私を通わせた。そして、高校入学が決まった月に、母の店は倒産した。

それからは、私がバイト（仕事）がＯＫの高校に転入し、家族の大黒柱となった。

日本は高度成長真っただ中、数々のコマーシャルの仕事や服飾雑誌の専属契約を得て、多くのデザイナーのコレクションに参加し、４年後には鎌倉に母と祖母の家を買えるくらいになった。

まだ、カードや銀行振り込みもなかった時代。忙しい私に代わって、ギャラを事務所に取りにいき、それを管理することが、母の唯一の仕事になった。

母との同居、別居、同居

私は21歳で最初の結婚をし、

「お前みたいな子は、お嫁には行けないだろうから、自立しなさい」

と言っていた祖母も、安心したのか、結納《ゆいのう》が終わった翌月、

「あなたを強く生きるよう厳しく育てたけれど、男の人の前では時には可愛くね」

と言い残して亡くなった。

25歳で最初の離婚を私がすると、母は鎌倉でひとり住まいは寂しいと、同居を望んで東京に戻ってきた。

その頃から母は、私の友人関係や仕事、恋愛にも口出しするようになり、携帯電話

もない時代、私のいない時にかかってきた仕事以外の電話の伝言を伝えなくなっていった。

それに気づいたのは、親しかった友人と疎遠《そえん》になったり、やっとできたボーイフレンドとのわけわからずの破局があったりしてから数年後のことだった。当時、ギャラの前借りを、私に黙ってしていたことも、だいぶ後になって知った。

私は二度目の結婚を機に、母と別居した。

実は、彼と婚姻届を出す日まで、私は母に、彼を紹介もしなかったし、彼の存在自体も黙っていた。

子どもができたことで、彼は、私が今後も働くのであれば、もう一度、母と同居するほうがいいのではないか？　と提案してくれ、私は正直、迷ったが、

「お母さんがまだまだ元気なうちに、みんなで暮らしたほうがお母さんもボケなくていいんじゃない？　年寄りのひとり暮らしは寂しいんじゃない？」

という彼の温《あたた》かい言葉に、同居をすることにした。正直、不安がなかったというと嘘《うそ》になる。

いろんな意味で、生活をかき回されるのではないかと思った。案の定、そういうこ

とは起きた。

当時、彼には前妻さんとの間の子どもが2人いて、彼らも同居し、隣には夫の両親も住んでいた。仕事から帰った私に、夫のことはもとより、子どもたちのこと、親のこと、近所の犬のことまで、母の口から出るのは悪口ばかりだった。

「同居できるだけ、ありがたいと思わないの？　人のいいところを見ようとは思わないの？」

と私が言っても、

「私は、本当のこと言ってるだけだもの。何がいけないの」

と言うだけで、うんざりした。

残念ながら、結婚生活は7年で終わってしまい、私は私の産んだ子ども2人と母を連れて別居した。

78歳の母がしたこと

子どもたちが成長する過程で母が、仕事をしている私に代わって、家を守っていてくれたことには感謝をしているが、最近、子どもたちに聞いたのだが、私が地方などに泊まりがけで行っていた時など、母は朝までの外出を頻繁《ひんぱん》にしていたという。

「なんで、言わなかったの」と聞くと、

「おばあちゃんとママの喧嘩《けんか》見たくなかったから。私たち、ちっちゃな頃から、おばあちゃんにはボーイフレンドがいるなって、知ってたよ。一緒に、ご飯食べたこともあるし、お土産《みやげ》もらったこともあるし、知らなかったのは、ママだけじゃない」と娘に言われた。

年子で産んだ子どもたちが、大学に通いはじめ、母78歳の時、

「孫たちも、もう自分で何でもできる年になったんだから、私はそろそろお役目ご辞退させていただきます。これからは、彼と一緒に住みますので、来月、家を出て行きます。私の生活費は、この口座に振り込んでください。よろしくね」

振込口座のメモを残して、母は翌月出ていった。

認知症になった母

ついに来た！

78歳で、彼のもとへ行った母。

事実婚という形で、夏は私が所有している河口湖の別荘で、冬は彼の伊豆高原の別荘で暮らしていた。たまに、私の娘には連絡をして、３人でご飯を食べたりしていたらしい。

年に何回か、洋服など取りに我が家には帰ってきていたみたいだが、私がいない時が多く、私にはほとんど連絡もなかった。

母82歳の誕生日を迎えた5月、突然、母は帰ってきた。

「あ〜〜いやだ、いやだ。嫉妬《しっと》深くてうんざり。どこに行くんだ、誰と会うんだって、もう、うるさい、うるさい。どこに行っても、私には自由がないんだから、今日からここに戻ってきます」

母が家を出て4年の間、彼から何度か私の携帯に電話があったことがある。

「そちらに、荷物取りにいくと言ってたのですが、本当に行ってますか」

「お孫さんと今日、ご飯を食べにいくって言ってたのですが、本当にお孫さんと会ってますか？」

私の知ったことかよ、と言いたいところだったが、そのたびに確認して、

「その通りですよ」

と答えたことがある。

なんだ？　うちの母は六本木でも歩いていたら、ナンパでもされるというのか？

冗談もいい加減にしてほしい。

まあね、人は老いるほどに、自分に自信がなくなり、特に男性は嫉妬深くなるって聞いたことはあるが、そういうことね。で、母に逃げられたわけね。

7月になって、

「東京の夏は、いやだ、いやだ。私、河口湖に行きます」

と言って、母は河口湖に行った。

それから２ヵ月後、真夜中に、

「私の通帳知らない？　お金がないのよ」

その連絡は、私にも、娘にも、息子にも頻繁に入るようになり、私は河口湖に様子を見にいった。

冷蔵庫の中には、何パックもの卵、食べかけのお弁当、腐った野菜。

「何これ？　賞味期限の切れてるもの、捨てていくからね。１週間分、食べるもの置いていくから、来週東京に帰ろう。迎えにくるから」

次の日、母はタクシーで東京にやってきて、通帳を探しはじめ、帰っていった。

また次の日も、河口湖からタクシーでやってきて、昨日、通帳探しでグチャグチャにした自室を見て、

「泥棒に入られたのよ。警察に電話して」と騒いだ。

ついに、やってきたかと、私は思った。

私に介護が降りかかる

認知症の初期症状は、金銭から始まると聞いていたが、ついに我が家にも、縁《えん》がな

いと思いたかった介護が降りかかってきたのだ。

その当時の私は、自由奔放に生きている母には、認知症はあり得ないだろうと、勝手に思いこんでいた、というより、そう思いたかった。我が家は、介護など無縁だと。介護保険の知識もなく、認知症を発症したであろう家族にどう対応すればいいかもわからず、まずは何をすべきか、途方に暮れるしかなかった。

その後、母は無銭飲食、万引き、どちらも悪意があっての行動ではなく、ものを食べたことも、何かを手にとったことも忘れてしまうだけなのだが、ご近所のいろんなお店にご迷惑をかけた。

介護に無知な私を救ってくれたのは、近所の人たちだった。地域で助け合わなければ、介護はできないと言われるように、家族に認知症の人間がいることを恥《は》じたり、隠したり、ひとりで抱えこんでもいいことなんてなんにもない。

母が無銭飲食や万引きをしたら、仕事場であろうが、どこにいようが、私に電話をしてほしいと、携帯の電話番号を近所のお店に配ったことを機に、介護経験者を中心に、多くの人が私に手を差しのべてくれた。

ケアマネージャーさんを紹介してくださる方、介護保険の使い方のパンフレットをくださる方、介護認定に温情ある診断書を書いてくれるお医者様を紹介してくださる方、「大丈夫だよ、うちで買い物してお金払うの忘れても、警察呼んだりしないから、後で払ってくれればいいんだから」と言ってくださる方。

母は82歳の２月に、要介護１の認定を受け、６ヵ月後には要介護３になった。とても進行の早い認知症だった。

17時間の徘徊も

デイサービスに昼間行ってもらい、夜は私と娘で介護し、眠りに入った母を確認し、一日を終わろうとする時、私の寝入り端《ばな》やお風呂に浸かっている時、母は徘徊《はいかい》をするようになった。

わずかな時間も目が離せず、私は寝巻きに着替えてベッドに横になることができない日々が続いた。

足腰が丈夫だった母は、何度も徘徊をくり返し、ついには17時間、家に帰ってこなかった。

そんな時でも地元のおまわりさんが、

「奥さん、家で寝てて。明日も介護はあるんだから、僕たちが必ず元気な姿で保護するから、寝て待ってて」と言ってくれる。

なんで見張っていられなかったんだと怒られるかと思っていた私は、涙が出た。

隣は何をしている人か知らない、近所づきあいや挨拶はしないという貼り紙を出すマンションがあるという昨今《さっこん》。家族の中で、ひとりだけで介護を抱えこんでしまったら、不幸な事件、事故が起きても不思議ではない。

私も、娘の協力と、近所、地域の協力があってこそできたのだと思う。

在宅介護をやってみて

一番の心の支え

在宅介護をしていた時期、何が一番心の支えになったか？

娘の協力は、本当に助かった。彼女は若い頃の私に似ず、常に人生に前向きで、自信にあふれ、どんなことにも明るく立ち向かえる子だ。

「ママは見た目と違って、根が暗いからね。私、大学で心理学の講座とって、うつ病のレポートを書かなきゃならなかった時、ママが昔から何度か、うつ病と闘ってきた経験がすごく役立った。子どもの頃は、ママがまた壊《こわ》れはじめたって、嫌《いや》だったけど、講義を受けて、うつ病のことがわかったら、ママのそれまでの行動がすっごくよくわかって、めっちゃいいレポート書けたのよ。だって生き証人と長いこと一緒に生活してるんだもの。実例ほど強いものはないよね」と笑い、

「おかげで成績もよかったし、無駄な経験なんて、何もないね」と言った。

「ママ、どうせ介護しなければならないのなら、明るくやっていこうよ。私も協力するから。嫌だ嫌だって思いながら、ママひとりで全責任とって、完璧にしなきゃなんて思ったら、またママがうつ病を再発しても、不思議じゃないよ。たまには、お互い手抜きして、交代でお酒飲みにいっちゃったっていいじゃない。気楽に考えろとは言わないけれど、どうせ、やんなきゃならないのなら、明るくやろう」

「それに、ママまで病気になっちゃったら、私が2人の介護しなければならなくなるのよ。それだけは、勘弁《かんべん》、勘弁」と、また笑った。

平常心ではいられない

仕事から私が帰ると、廊下に汚物《おぶつ》が落ちている。デイサービスから母が帰ってくる時間に、必ず誰かが家で待っていることはできない状況だったから、介護士さんに家まで送ってもらった母は、数時間ひとりで過ごす時もあって、そうなると、必ずといっていいほど、廊下に汚物が散乱していた。

私は、思わず叫んでしまう。

「なんなの、これ、どうしてトイレでしないの？　なんで、間に合わなくなるまで、我慢するの」

泣きたい気持ちを抑えて、掃除をするしかなかった。そして、仕事場から帰ってくるのが苦痛になった。当時は、仕事場が唯一の、介護から逃れられる場所で、帰宅拒否症になる寸前だった。

また、ある日は、お風呂場とトイレを間違えて、汚物がお風呂場のタイルの上にこんもりと置いてある。

「なんで、こうなるの。もう〜〜いい加減にして」

やはり、叫んでしまう。すると、母がお風呂場にやってきて言った。

「あら、嫌だ。チェリー（当時の愛犬）なんでこんなところにしちゃったのかしら。お散歩行ったでしょうに、いやぁねぇ」

人は認知症になると、言いわけがうまくなる。認知症患者自身、自分の行動にちょっと変だなと思う瞬間や不安を感じると、なんとか辻褄《つじつま》を合わせて切りぬけようとするのだ。えっ、と驚くような嘘もつく。

でも、これは病気が起こす症状で、責めるわけにはいかないのだが、やっぱり家族は平常心ではいられない。

外出から帰ってきた娘が騒ぎを聞きつけて、お風呂場を覗《のぞ》いて言った。

「おばあちゃん、チェリーが迷惑してるよ。ねー、チェリー、かわいそうに。チェリーの体からは、こんなにたくさん出ないもんね。これはおばあちゃんのだよ。さっ、おばあちゃん、一緒に片づけよう」

そう孫に言われると、おばあちゃんは、

「変ね～、私どうしちゃったのかしら～、おかしいわね～、ボケちゃったのかしら～」

娘は笑いながら、私に耳打ちした。

「充分、ボケてんだけどね……」

私には攻撃的な母だったが、孫の言うことは、なんでも素直に聞いた。

デイサービスを、

「ボケたじいさん、ばあさんの集まる幼稚園みたいなところに、なんで私が行かなきゃならないの！」

と母が言っても、

「おばあちゃんはボランティアで、みんなにいろんなこと教えに行くんだよ」

と孫に言われると、

「あら、だったら行ってもいいわ」と言い、日が進むにつれ周りの利用者から、「先生」と呼ばれ、デイサービスを母は、「学校へ行ってくる」と言うようになって、プライドが保てたようだった。

オムツが必要になった時でも、やはり孫から、

「30代から、尿漏れパンツはいてる人多いんだってよ。学校に行ってもトイレの順番待ちしなくていいから、はいちゃえば」

と言われれば、素直に聞いた。

「ママ、さっそくオムツ買ってきて、おばあちゃんの気が変わらないうちに」

私は薬局に行ってオムツを用意したが、お会計の際、何も聞かれていないのに、

「これ、母の介護に必要で」と、しなくてもいい説明をしている自分に苦笑《にがわら》いしつつ、この思いをいずれ娘にもさせる日が来るのは嫌だと思った。

家族の限界

当時、娘は大学を卒業して働きはじめ、ちょうどボーイフレンドがいなかった時期とはいえ、22歳から24歳の若さで、できれば介護は逃れたかったに違いない。映画を見たり、旅行に行ったり、友人たちとご飯を食べたりする時間がほとんどなかったからだ。

後日、娘が言った。

「あと6ヵ月、おばあちゃんを施設に預けるのが遅かったら、私はひっそり、こっそり家出したと思う。今だから言うけど、限界だった」

もしそうなっていたら、私は今のように娘に感謝ができただろうか？　今のように何ものにも代えがたい、愛《いと》おしい、自慢の娘と言えただろうか？

娘の自由時間をほとんど奪ってしまった介護なのに、私に最後まで協力してくれなかったと、恨《うら》んだり、

「あの子は、結局、私を裏切ったのよね」

と愚痴《ぐち》ったりしたのではないだろうか？

介護はそのくらい、家族の関係をギクシャクさせたり、下手《へた》すれば壊してしまう。

介護を、家族の誰かひとりが背負うことは、介護うつの引き金にもなり得る。在宅介護は家族の協力は必然だが、介護で全員の人生が束縛されたり、犠牲を払っていると感じたら、施設やプロの手に委《ゆだ》ねるのも必要なのではないだろうか？

「ママ、私ね、おばあちゃんの介護をして、プロの介護士になれるって自信、持っちゃった。だって、もう、最後のほうは、ウンチ素手で手づかみできるんじゃないかって思うくらい、どんなことも平気になっちゃったものね。悪臭も気にならなくなって、人間、慣れってすごいね。人生にほんと、無駄な経験なんてないね。ママ、安心してボケていいよ。リハーサルできてるから」

娘は笑いながら言った。

私は、この娘の明るさに、どれだけ助けられたか。本当にありがとう。おばあちゃんを施設に預けるの、６ヵ月遅くならなくてよかった。

「ねー、ママ。あの頃、ママがいつか壊れてしまうんじゃないかと心配したけれど、介護して、ママ、強くなった。もう、うつ病も、ママのそばに、向こうから寄ってこなくなるよ。本当に、ママは強くなった」

一番たいへんなのはお金

母はどんどん壊れていった

母の7年間の介護で、一番たいへんだったのは何だっただろうか？

実は、お金だ。

母の認知症発症がわかったのは、母82歳の時だったが、なかなか現実を受けとめたくなかった私は、「認知症です」と医師に診断してもらうまで、忙しいという言いわけで、6ヵ月近く、受診を拒《こば》んでしまっていた。

それは、当時の私には認知症の正しい理解もなく、家族の介護でまずは何をすべきかも無知だったからだ。それ以上に、事実を知りたくなかった。

近所の方の協力や友人からのアドバイスがなければ、私は現実からずっと逃避していたかもしれない。そんなことは、結局できないのが現実なのだが。

その後、認知症の専門医に言われた。

「家族が、アレ、認知症かもと思った頃には、もう発症してかなり経っている場合も多いんです。家族には、単なる物忘れぐらいに感じる症状も、人によっては認知症のあらわれですが、なかなか家族も当人も認めたくない」

まったくその通りで、母がかなりの症状になるまで、私は逃げ腰だった。

万引きをして、周りに驚かれても、当人曰《いわ》く、

「お財布を忘れた」

ゆえに、まったく罪悪感《ざいあくかん》を持っていない。

無銭飲食も同じ理由。

タクシーのタダ乗り、これも同じ理由。

そして、十数時間に及ぶ徘徊。

「お散歩に行っただけで、何をそんなに怒るの？」

6ヵ月の間に、母はどんどん壊れていって、半月で介護度が1から3になったぐらいだから。

残金15円の通帳

もう、家で介護するのは限界と感じた。母84歳の時、私は2年間の在宅介護をやめて、施設に預けることを考えた。

それには、もう一つ大きな理由があった。

デイサービスに行く際、身の回りのことが一切できなくなった母の代わりに、私が着替えや持ち物を用意しなければならなくなり、納戸の中を整理している時に、見つけてしまった。

私は15歳から働いている。私の祖母が健在の頃にも、私は一家の大黒柱であり、シングルマザーになってからは、母と子どもたちのためにもっと必死で働くようになっていた。

カード決済で物を買うようになった頃に、カード専用の私の口座を作ったが、それ以外の入金は、ずっと母が管理している私の通帳に入金されていた。その通帳が、納戸の奥にあった。ハンコと家計簿であろう表紙に年代を書いた大学ノート6冊とともに。

〈そうだ。もう、これらを預けていても、母も忘れてしまっているのだろうし、私が

今後は、きちんと管理しなければ〉

長年働きづめだし、少しは貯まっているかなと、ちょっと期待して通帳を開いた。残金15円。えっ、嘘でしょ。いや、もう一つの通帳に移したに違いないと、もう一冊の通帳を開いたが、やはり数十円。こっちは、じゃ、こっちは……結局、6冊の通帳全部、残金ゼロに近かった。

そして、この数十年の間に、数十万から百万単位で、何回も持ち出されていた。金額の横には、アルファベットのイニシャルがいくつか入っていた。そうだ、家計簿を見ればわかるかも、誰かに貸したのか？

大学ノートを開いてみた。それは、家計簿ではなく日記帳だった。

私は今でも、開かなければよかったと思っている。たとえ、身内でも、人の日記帳を読むことは、親展の手紙を無断で開けるのと同様、罪深いことだと思っている。

だけど、その時、私の目に飛びこんできたのは、時に赤ペン、時にマジックで書かれた、日々、短い文章で綴《つづ》られた家族への罵《ば》詈《り》雑言《ぞうごん》だった。

孫が生まれる前から、母が50代後半からの二十数年にわたる日記だった。もちろん、認知症になる前からで、80代になって認知症を発症していたかもしれない頃には、罵詈雑言に代わって〈お金がない〉〈お金を盗まれた〉が多く書かれるようになっていた。

今となっては、数十年の母のお金の使いみちはわからないままだが、もしかしたら認知症初期には、オレオレ詐欺《さぎ》に引っかかっていたとしても不思議ではない。

そのくらい、私は認知症に無知だったのだ。

豊かな老後は夢のまた夢

日々の介護の限界を感じていた上に、見てしまった日記。

母上、あなたは私と暮らして「幸せだね〜」と言ったこともあったじゃない。

「孫は可愛い」と言ったこともあったじゃない。

「外国に連れてって」とおねだりされれば、どこでも一緒に行ったじゃない。私なりに親孝行していたつもりだったのに。

百歩譲《ゆず》って、人間、思うようにいかず、イライラしたり、悔《くや》しかったり、腹が立ったり、嫉妬したり、負《ふ》の感情が心いっぱいになる日はある。

そんな時、紙に罵詈雑言を書き殴りたくなる気持ちは、わからないこともない。でも、それは書き殴ったごとに焼くか、ヤギに食べさせて解消しようよ。人に見られちゃダメだよ。

今はネット時代。一度、何かに投稿すれば永遠に残ってしまう時代。感情のおもむくままに負の感情をさらけ出すのは、注意しなければと、つくづく思った。

そんなわけで、私はだんだん深まる喪失感《そうしつかん》（腹が立つとか、嘆き悲しむという感情より、何かを失ったという気持ちが強く、多分、私は、母娘の絆《きずな》や母との母子愛を失っていったのだと思う）を感じていった。

その上、お金が底をついたという現実が、私を絶望的にした。なぜなら、住宅ローン、当時はまだ学費ローンもあった。

仕事が減ったとしても、いざとなれば蓄えを切り崩せば、私の老後もなんとかなると、たかをくくっていたからだ。

借金だけが残り、その上、介護費用も捻出《ねんしゅつ》しなければならない。毎年、介護施設としては一番費用がかからない特別養護老人ホームに入居申請をしていたが、早くて４年待ちと言われていた。

母には施設に入ってもらわないと、私も壊れてしまうと思いはじめていた。何ヵ所か施設を見てまわったが、正直、費用が安いところは劣悪だった。そこには母を行かせることはできないと涙が出た時に、私はまだ母に情を持っているのだなと思い、ホッとした。

介護度が低いために入れないことがあったり、頭金はいらないが月々の費用が35万円を超えたり、家を売ることも考えたが、ローンがなくなるだけで、賃貸家賃は発生するわけで、もう、なんとかなると、開き直るしかなかった。

こんな時に不謹慎だが、母ひとり子ひとりで生まれてきてよかったと思った。頭金は数十万、月々20万~25万の介護付き有料老人ホームに母は入居し、そこで2年半暮らし、申請から4年半後、特別養護老人ホームが終《つい》の住処《すみか》になった。

介護度も要介護5になっていったが、母の年金6万7000円では、月々まかないきれないのも現実だった。

老後は豊かに暮らしましょうと、誰でも考えるが、金銭面で優雅に暮らすには、年金だけではほとんどの人が無理だということ、家族や子どもに頼りたくない、あるいは家族を持たなかった人は、生涯現役か、お金を生み出す資産がないと、豊かな老後など、夢のまた夢なのだ。

第3章　自分から介護の仕事に飛びこむ

介護施設ってなんなんだ

嫌な感じ

母の介護施設を探している時、ものすごい施設に出合った。私は当時、貯金がスッカラカンの上、住宅ローンや学費ローンもあった。母の年金は毎月6万7000円。

そんな現状で、介護施設に大金を払うわけにもいかず、リーズナブルな施設を探さざるを得なかった。何ヵ所か回ったが、介護度が低くてダメだったり、迷っている間に先に入居者が決まってしまったり、そんな中で家からは2時間近くかかるが、かなり金銭的には助かる施設の見学の予約が取れた。

「ああ、○○さんね。いつでも、見にきてください。なんなら一緒に、おばあさんだか、おじいさんだか、連れてきていいですよ。気に入ったら、そのまま置いてってもいいから。ちょうど、ベッド一つ、空いたとこだし、駅まで迎えにいきますよ」

電話越しの会話。なんとなく嫌《いや》な感じがした。勘《かん》は当たった。駅前に、でっぷり太った品のないおっさんが古い外車に乗って待っていた。(失礼)

「あんたが電話の人？　あれ、一人？　連れてこなかったんだ。ここから車で20分くらいね。車に乗って。案内するから」

車中で彼は言った。

「まっ、見てもらったらわかるけど、三食昼寝つきって感じね。ボケてるからみんな勝手に過ごしてますよ。気に入ったら、すぐ迎えにいくから。おじいさん、おばあさん、どっち？」

「母です」

「おばあさんね。女の人のほうが長いよね。やっぱり、女のほうがしぶといっていうか、あんたもたいへんだね」

ハハハと笑った。

施設に着いた。昔の旅館を改装したのだろう。中に入ると、おしっことアルコールの混ざった臭いが鼻をついた。

「そこに座って。契約書出すから。別に、ハンコとか、まだなくても大丈夫。仮契約ね」

「最初に、お部屋とか、お風呂とか、見たいんですけど。案内していただけないんですか？」

「あっ、見たいの？　部屋はみんな、相部屋ね。ご飯食べる時だけ、広間。まっ、動ける人だけだけどね。一日中、みんな、ほとんどベッドでゴロゴロしてるよ。歩けない人は、ちゃんと職員が食べさせてるから、大丈夫」

私が、「デイサービスとか、そういうのには行かないんですか？」と聞くと、

「あんなもの、ボケてんのに好き好んでやってる年寄り、誰もいないんじゃないの？寝かせとけばいいんだよ。そのほうがお互い楽でしょう」という答えが返ってきた。

お風呂場はカビ臭く、トイレも決して衛生的とは言えなかった。

「みんな、オムツだからさ。トイレは職員くらいしか使わないしね」

そういう問題か？

これが現実の施設か？　高いお金を払わなければ、薬づけの寝たきりにされてしまうのか？

こんなところしかないのか？

「部屋も見たことだし、あとなんか見たいところある？　後は庭くらいしかないけど。あっ、庭には、みんなは出さないから。こんな山ん中で、どっか行かれちゃったら、ボケてるから捜すのたいへんでしょう」

ハハハと笑った。

「これ、仮契約書。明日にでも、車で迎えにいけるよ。住所書いて」

私が躊躇《ちゅうちょ》していると、

「ああ、金の問題ね。いくら、出せんの？」

「基本料金いくらですか？」

「基本料金っていうか、15万くらいは貰《もら》いたいとこだけど、そんなに払えないって人もいるから、それは相談。いくらだったら、いいの？　年金いくらもらってんの？」

「7万弱です」

「介護度、いくつだっけ？」

「要介護3です」

「そうか。まだ、歩けるんだ。元気ってのも、厄介《やっかい》だね。寝ててくれりゃあいいのにね。12万くらいだったら、出せる？　オムツとか雑費込みで」

ため息が出た。

「とりあえず、住所だけでも書いておいて。迎えにいくから、いつでも」

言われるがままに住所を書いてしまって、私は自分が情けなくなった。12万ならなんとかなるかも。でも、こんなところしかないのか？　安い介護施設だから、仕方ないのか？　迷っていると、

「ああ、もし、ここで死んでも、忙しかったら、あんたこっちに来なくて大丈夫だから。お寺さんと契約してあるから、簡単に葬式済ませて、こっちで埋葬もできるし、最近は、骨いらないって言う家族もいるから」

帰りの電車の中で、涙が出た。

そして、母の日記を見て以来、たびたび私の心によぎる怒りや、悲しみや、喪失感《そうしつかん》。母を心底憎めたら、私はなんのためらいもなく、この施設に母を入れられたのだろうか。それはできないと思った私には、母に対する情がまだ、充分に残っているのだと思った。次の日、入居を断る電話を入れた。

どこか後ろめたい気持ちが

その後、受け入れてくれる施設が見つかり、お金はとうてい12万ではおさまりきらなかったが、母の５年間は２年半を介護付き有料老人ホームで過ごし、最後の２年半は特別養護老人ホームで過ごした。

施設に預けた5年で、私は気がついた。まるで現代の姥捨山《うばすてやま》、あんな劣悪な施設があるなんて。あんな、下品なおっさんが2軒も老人施設を運営しているなんて。どんな家族があんな施設に入れるのだろう？

いくら低額だったからって、もうちょっとましなところ、探せないのか？　当初、思っていた私だが、入居者に割合、若く見える人が何人かいたことを思い出した。もしかして、若年性《じゃくねんせい》認知症？

若年性認知症は男性のほうが女性よりも多く、発症年齢は平均で約51歳とのこと。働き盛りのお父さんが、もしそうなったら、お父さん、50代なら、まだ子どもたちは学生だったり、社会人になっていたとしても、そうそう高額な介護費用は払えない年だろう。

みんな好き好んで、あんなところに入れてるわけじゃないんだよ。どうにもならない事情があるんだ。でも、それが金銭的な問題だとしたら、低額の介護施設は、あのおっさんみたいな人ばっかりが経営しているのか？

もっと親身になって、年寄りとその家族に寄り添ってくれる人はいないのか？

この私も、お互いいい親子関係を維持するには、距離が必要、母の日記を見ようが見まいが介護は家族に負担をかけるし、施設に母を預けることが、お互いのためと言っていたが、どこか後ろめたい気持ちがなかったと言ったら、嘘《うそ》になる。本当は、どこかで母のしたことを、恨《うら》んでいるのではないのか？　憎しみや怒りがあるから、施設に入ってもらいたいんじゃないか？

私はやさしくないから、そういう行動をとったのではないか？

母は施設で、どんな想いをしているのだろう。施設って、現実は、どんなところなのだろう。もし私が施設に入るとしたら、どんなところを選べばいいのだろう？　というより、何を基準に、何を求めて選べばいいのだろう？

私は介護施設で働いてみたいと思った。

なぜ介護施設で働こうと思ったか

『母の日記』の反響

『母の日記』という母との介護の日々を綴《つづ》った本を出版すると、いくつかのメディアが取りあげてくださり、それまで、あまりご縁《えん》がなかった介護の番組や、介護専門の雑誌や新聞のインタビューなどの依頼が多くなった。

私のような肩書、元モデルで今は女優、ビーズ刺繡《ししゅう》作家が、テレビのトーク番組では結構あけすけにものを言っていたりしていると、視聴者は、何やっている人だか知らないが、昔モデルで今は派手な強いおばさんと思われていたようだ。

長い期間、演劇や映画中心に出演し、稽古《けいこ》期間など入れると結構忙しかった時期でも、テレビドラマやバラエティに出ていないと、何やってるかわからない芸能人と評価されるらしい。まして、母の介護が始まると、都内1ヵ月の劇場公演と地方公演もあるという仕事は、まったくできなくなった。

それでも私は、金銭を生み出すために働き続けなければならないわけで、当時は15ヵ所のビーズ刺繍教室の講師でなんとか食いつないでいたが、ビーズブームに陰りが出はじめると、収入もだんだん減っていった。

ローンや介護費の月末の支払いをなんとか済ませてホッとするのも束《つか》の間《ま》、自分の生活費はほとんどないという月や、口座引き落としができず、電気を止められそうになったこともある。

これはひとえに、当時、郵便物を見るのが怖くなって溜《た》めていたことが原因だった。請求書という赤文字が、開封する勇気をなくし、〈明日、明日、そうだ、入金を確認してから、そうだよ、大丈夫だよ、なんとかなるよ、きっと〉と、現実から逃げ回ってどんぶり勘定《かんじょう》をしていたからだ。

そんな時期に、『母の日記』を出版した。この本は私の本心と事実を包み隠さず書いたもので、ヤフーニュースなどにも取りあげられたので、ご批判もあるだろうと覚悟はしていたが、2ちゃんねる的投稿も、割と好意的感想が多く、むしろびっくりした。

もちろん中には、

「何やってんだかわかんない、劣化芸能人の巻き返しか？」

「いいババ～が、親をネタにして金儲《かねもう》けか？　親に嫌われるってのは、そいつにも原因があるからだろう？　根性悪なんじゃないの。顔がそんな顔してるよ」

そんな書きこみもあったが、それに対して、

「介護したこともない人間が、つべこべ言うな」

などと書きこんでくれたりする人もいて、

〈まあまあ、そっちで勝手に炎上してくれ〉と、部外者的に自分がいられてホッとした。

ところで、芸能界という、一見華《はな》やかに思えるであろう世界に何十年も生きて、そこで生計をたてられたことは、本当に感謝、感謝だ。

芸能界という甘い蜜《みつ》に踊らされて、人生を間違えてしまう人もいる。その中で、支えてくださるスタッフに恵まれ、なんとかやってこられた私に何か才能があるとしたら、一にも二にも運がよかった、運の強さだったと思う。

介護者と家族が満足する介護って？

そうだよ、「劣化芸能人の巻き返し」「親をネタに金儲け」いいじゃないか？私の運の強さが、介護を引っぱってきた。しかも、なかなか経験できない、複雑な親子関係までも、運のおかげで経験できたと思えば、本にして何が悪い。

まっ、開き直りはこのくらいにして、介護者が本当に満足する介護とは、と疑問を持ち、介護施設で働いてみようかと思った時に、その方に会った。

介護雑誌のインタビューで出会った、介護施設の経営者であるその方に、

「社長、介護者と介護者家族が満足する、本当の介護って、なんでしょうか？」と聞いた。

「それが永遠のテーマですね。一人一人それぞれの人生を送ってからの、終末期を送る終《つい》の住処《すみか》にいらっしゃるわけですから、一人一人その方に副《そ》う介護が理想的ですが、人手不足や行政からの指導や規制、会社の規則もあるので、またご当人はこうしたい、こうしてほしいというご要望があっても、ご家族がお許しにならない場合もあり、日々、進歩する介護を目指すのが現状です」

「私、いずれ、自分の入る介護施設を、元気なうちに選んでおきたいと思っているん

ですけれど、どんな介護施設が自分に合っているか、母は今、介護施設で満足しているか知りたくて、介護施設で働いてみようかと思っているんです。現場を見てみないと、わかんないじゃないですか？　自分が介護されるようになってから、何も知らず、何も考えず、誰かに紹介されたとか、あ〜〜ここ、違う、合わないよと思っても、頭金払っちゃったから、もう無理だとか、だいたい私、母を介護施設に預けているけど、毎日どんな生活をしているか、報告書で来る紙面でしかわかってないんですよ」

「リサさん、じゃ、うちで働いてみますか？　社員っていうわけにはいかないでしょうから、非常勤でどうですか？　現場のマネージャーと打ち合わせして、電話します。次回会った時に、条件とかお話ししましょう」

インタビューが終わって帰宅の車中でマネージャーが、

「リサさん、本気ですか？　インタビュー中のノリで言っちゃいました、ですか？」

と聞いた。

「ううん、本気だよ。本気で介護現場知りたいんだもの。でも、むしろ社長のほうがノリだったかも。今頃、まさか芸能人が介護施設で働くなんて、無理だろうって、思ってんじゃないかな」

芸能界は仕事が終わって帰り際《ぎわ》に、それぞれにみんな言う。

「また、ぜひご一緒に仕事しましょうね。絶対、次回もリサさんとキャスティングしてって、プロデューサーに言っときます」

社交辞令なのだ。本当になるのは、百に一回あればいい。

「リサさん、今回のギャラ、低くてすみません。絶対、絶対、次回には、本当に次回は倍の予算でお願いしますから」

芸能界は、人間のお化《ば》けはいっぱいいるけれど（私も入ってるかもだけど）、次回と本物のお化けはほとんど会ったことがない。社長も社交辞令だったかもしれないと思いはじめて4日後、社長から電話があった。

「○○の介護施設で、7時に現場のマネージャーと待っています。面接をしてくださ い」

社長も本気なのだ。なら私も本気で、介護施設で働くことを決めた。

私の介護施設での仕事

現場のマネージャーと面接

私が働いていた介護施設は、東京郊外にあるおしゃれな建物だった。入居金は２０００万弱で月々25万円以上はかかる全員個室の施設だ。費用を聞いただけで、私が入居するのは無理だと思ったが、都内の有料老人ホームとしては、費用的には中の中だそうだ。

有料老人ホームの中には、医療が必要となったら、たとえば、胃瘻《いろう》や呼吸器が必要な人は医療機関へ送られ、退去しなければならないホームもある。また徘徊《はいかい》をくり返したり、認知症の症状として、暴言や暴力、奇行などがひどくなると、他の入居者に危険が及ぶという理由で、退去を余儀なくされることもある。

精神疾患の入居者を断るホームもある。入居者が入居中に病気になり、病院に入院して3ヵ月以内に退院してこないと、入居取り消しになるホームもある。その中で、ここはどんな症状があっても、入居者とその家族が望めば、生涯暮らせるホームとして運営していた。

現場のマネージャーと面接をした。

「社長から聞いていますが、芸能活動も続けながらこちらでも働くということで、週に何日来られますか？」

「今のところ、週3日はうかがえると思いますが、毎月この曜日と決められませんし、芸能という仕事は、天気によってロケ延長になったり、急に1ヵ月拘束《こうそく》などの依頼も入ってくる場合もあり、1ヵ月ごとのスケジュールで出勤日程を決めることしかできませんが、それでもいいでしょうか？」

「社長から聞きましたが、介護のことは経験もおありになるということで、異例ですが、非常勤で月12日来ていただくことにしましょう」

異例、そりゃそうだよ。社長から、「この人を雇ってみて」って、部下が言われて、介護経験があるとはいえ、身内の介護経験でしょう。いつ来られるのか前月にしかわからず、何か資格を持っているわけでもない芸能人に、何ができるの？

私が現場のマネージャーの立場だったら、体《てい》よく断っただろう。

時給８９０円の現実

「この施設では、ご利用者様に毎日のここでの生活を楽しんでいただくために、朝の体操後と昼食後、いろいろなカリキュラムを揃《そろ》えています。華道、茶道、ちぎり絵、書道、俳句、刺繍などは、外部から先生をお迎えして、月1回催《もよお》しています。スタッフに折り紙検定の資格を持っている人や、フラダンスのインストラクターの資格、アロマの資格、栄養士の資格、ピアノ教師で音楽セラピーの資格、ネイルアートの資格を持っている人もいるので、彼らによるさまざまなお教室も用意しています。映画鑑賞やカラオケタイムの日もあります。ほとんどが有料です。それらに参加したいゲストの方々を、誘導、お見守りするお仕事で大丈夫ですか？　中には、認知症の方もいらっしゃるので、予約日には参加意思《いし》があったのに、忘れてしまったりしますので、その日は参加か否《いな》かの管理もしなければなりません。刺繍や折り紙、ちぎり絵など、細かい手作業をゲストが思うようにできなかった時のお手伝いなどもお願いします」

そうか、私はビーズ刺繍を教えられるが、資格っていうものがあるわけではない。

そもそもビーズ刺繡検定ってないのだが。マネージャーは続けた。

「ここの現場に慣れるためにも、ご利用者様全員のお部屋番号とお名前をまず覚えてください。ここでは入居をした方たちを、ご利用者様、あるいはゲストとお呼びします。そのご家族をご子息様、お嬢様、お孫様、ご利用者様には、敬意をはらって敬語で接することをお願いいたします。また弊社の理念を知っていただくためにも、本社の研修に行っていただきます。これは、非常勤の方にも全員していただくことです。研修後に現場でいろいろ覚えていただくこともたくさんあるので、わからないことがあったら、なんでも聞いてください。また何か新しいお教室のアイデアがありましたら、企画書を出していただければ、検討の上開催することもできます。ビーズ刺繡の講師もなさっているとお聞きしましたので」

それから1年経って、やっとビーズ刺繡のお教室開催までこぎつけたが、お教室開催日2日前に母が亡くなり、急遽《きゅうきょ》中止となってしまった。

マネージャーは最後に、

「介護資格とかお持ちではないので、弊社の決まりで時給890円とさせていただきます」

当時の東京都の最低賃金だった。

私は15歳で仕事を始めて、バイトなどはしたことがない。だから、時給計算でお金をもらった経験がなかった。なぜ、私が介護施設で働きたいかを知っている友人が、

「時給890円、本当に？　この間、うちの近所のスーパーでレジ打ち時給1120円って貼り紙貼ってあったよ。深夜はもっと高いらしい。お金のこと考えたら、介護みたいな、命と向きあう仕事よりレジ打ちのほうが時給いいっていうのも、どうなんだろうね。介護士とかが長く同じ施設に居つかないっていうのも、その辺も原因かもね」

後で知ったことだが、施設内の介護士全員が社員という施設は少なく、非常勤や派遣会社から来ている人も多い。

そして、資格を持っていても、昼夜関係なく、時給は決して高くない。都心でも950円～1000円が相場らしい。好条件とは言いがたい。友人の言うように、命を預かる仕事なのに。

万年、人手不足の中で

研修は、介護に携《たずさ》わる人間にとって必要なことをいろいろ教わり、会社の介護に対する理念も素晴らしいと思ったが、はたして現場は、会社の理念どおりやっていけるのだろうか？

現場は万年、人手不足、特に介護士さんたちが足りない。80人近くいるご利用者様に対して、介護士は早番を含め、昼は7人から多い日で10人、看護師は2人から3人、夜勤は看護師1人と介護士3人で80人を見守る。

一見、人が足りているように思うだろうが、特に夜はたいへんだ。ご利用者様80人中、自分ですべて身の回りのことができる方は2割弱、寝たきりに近い方が5割近くいらっしゃる。

足腰元気な方でも、認知症の方は夜中、歩き回りたがったり、外に出たがったり、お風呂に入りたがったり、昼夜の判断ができない人もいて、事故になりかねない。廊下を歩き回る方をやっとなだめて、お部屋に誘導し、ベッドに横になってもらっても、またすぐ起き出して歩き回ることも少なくない。

認知症ではなく車椅子が必要な方も多く、この方たちの夜間の排泄《はいせつ》を介護士がお手伝いすることも多い。

元気な方でも、いずれ自分も認知症になるのでは、車椅子生活になるのではと夜中に不安になって眠れなくなり、ナースコールを頻繁《ひんぱん》に鳴らす人もいる。夜中は安眠する時間ではなく、高齢者にとっては不安が広がる時間なのだ。

寝たきりの方たちのオムツ交換を夜中もおこない、すべてのご利用者様の安否《あんぴ》を数時間おきに確認しなければいけない。時にはご利用者様の容態が急変して、かかりつけの医者に連絡や、ご家族への連絡、施設の上司などに連絡を入れている時でも、

「寂しいから、お部屋にお水持ってきてちょうだい、早く」

とナースコールが来れば、誰かが対応しなければならない。

基本的には、看護師は医療に関わる処置をするためにいるので、介護士のようにオムツの交換や排泄の手伝い、ベッドへの誘導などしなくていいのだが、「私の仕事はここまでですから」と言える人は、介護施設では働けないと思う。

一晩に急変するご利用者様が1人とは限らないから、そんな時は看護師もたいへんだ。そんな時でも、鳴り続けるナースコールにすべて応対しなければならない。そうしないとご利用者様に動揺が広がるからだ。

そして、亡くなられた方が出ても、ご利用者様には言わない。

「303の○○さん、最近お見かけしないけど、どうなされたのかしら？」

とご利用者様に聞かれても、

「ご事情があって、退去なされたようですよ」

と答える。勘のいい方は、

「お亡くなりになったのね。お元気そうだったのに」

とおっしゃって、それ以上は聞かない人が多い。

昼間は、「もうそろそろ、主人にお迎えにきてほしいわ。この世に飽きました」と明るく言う方でも、夜中は、明日、自分はどうなっていくのだろうと不安を抱え、頭脳が明晰《めいせき》であればあるほど、死の恐怖を感じるようだ。

「認知症になったほうが死の恐怖が和《やわ》らぐのかな。というよりは、人間、いつかは死ぬってことも、忘れるのかな。若い頃のいい時しか覚えていないし、その頃の楽しい夢を見ながら旅立ったんだろうなっていう人、多いものね」

と介護士さんが言っていたが、大病など持っていない認知症の人は、眠るように亡くなる方も多い。

私の施設での仕事は、ご利用者様たちがいつかこの施設から旅立つ日まで、一日でも長くここでの生活を楽しんでいただくために、寄り添うことだった。

「心の残業」を抱えて

出勤日の時間割

ご利用者様のお名前とお部屋番号も覚え、

「あら、今日はあなたの出勤日なのね。今日もよろしくね」

と言ってくださるご利用者様も少しずつ増えていった。

施設に着いたら制服に着替え、出社時間をパソコンに打ちこみ、私が来ていなかった日の昼夜のご利用者様の生活状態の申し送りに目を通し、朝の体操にご利用者様たちを誘導する前に、体操後飲むお水を用意する。

中には、体操に参加されてもお水を飲んではいけない方もいらっしゃる。お水にトロミをつけて出さなければいけない方もいらっしゃる。知らずに、普通のお水を出してしまったらたいへんなことになる。水を一気に飲んで、誤嚥《ごえん》してむせて大事に至ることを防ぐためにも、ご利用者様一人一人の状況を把握しておかなければならない。

そのために、ご利用者様のお名前とお部屋番号は確実に覚えなければならないのだ。病歴などは個人情報になるので、他のご利用者様やご来客の前では、お部屋番号でご利用者様の状態を伝える時もあるからだ。

準備はまだまだある。体操後に始めるその日その日のお教室の用意もしなければならない。

朝日新聞の「天声人語」の書き取りをする日は、新聞紙面の一部を拡大コピーをして配らなければならない。季節の歳時記の時は、いろいろな本から興味深い記事を探し、カラーの挿絵《さしえ》も加えて、数ページの資料を参加ご利用者様分作らなければならない。

コンビニでコピーをとったことしかない私は、拡大だの、両面プリントだの、カラープリントだの、はじめは大きなコピー機相手に格闘したが、今やコピーのことなら私に言ってと言えるくらい、熟知した。会社勤めをしたことがないので、コピーひとつも初心者だった。

その日におこなわれるお教室はさまざまあるので、椅子や大きな机を動かしたりする時もあり、体力がいる朝もある。準備の後は、朝の体操の誘導に各お部屋を回り、お声がけをし、車椅子の方は押して共にエレベーターに乗る。

認知症の方々はお誘いしても一緒に行動をしないと、違う階に行ってしまったり、忘れてしまったりする。誘導スタッフと体操を一緒にするスタッフの連携プレーでおこなうが、体操が始まるまで時間がありすぎると、玄関から外に出ようとする方もいるので、目が離せない。

中には、突然、体操中にトイレに行きたいと言う方もいて、介護士資格を持っていない私は、本来、介護者の身体には触ってはいけないのだが、そこでお漏らしされても、当人もつらいし、周りも驚くから、私も、「資格がないのでできません」などと言ってる場合ではないことが多いのだ。

仕事だからってできる仕事ではない

スタッフのほとんどは、インカム（構内電話）をつけている。

「トイレに行きたい、我慢できない」と言われたら、介護士に、「〇〇様が、おトイレに行きたいそうです」と伝えることはできるが、介護士はそのためだけにスタンバイしているわけではない。

介護士の仕事は、ご利用者様の朝晩の着替え、洗面、歯磨き、排泄の補助、オムツ使用の方にはオムツの交換、食事の補助、入浴の補助、寝たきりの方用に入浴ロボット、いわゆるリフト式のものはあるが、体を洗ったり、それを操作するのは人間だ。

ご利用者様のお風呂が終われば、その都度お風呂、洗い場洗いもしなければならない。時には、失禁や便などで汚れる時もある。その処理もしなければならない。

昼ごはんが終われば、各ご利用者様のお部屋の清掃、シーツ交換も介護士がする。共有スペースを掃除するスタッフはいるが、汚物《おぶつ》などで介護士ひとりでは掃除しきれない時にしか、基本的には各個人の部屋には入らない。

夕飯時に車椅子を押して食堂まで誘導するのも、食堂での食事の補助も、お部屋でしか食事ができない人たちへの食事の運搬、補助も介護士の仕事だ。

80人近く入居者のいる施設では、昼間7人から10人の介護士がいても、常に手いっぱい。そして、その様子はインカムを通じて、全部署の職員に聞こえる。

ご利用者様、スタッフの誰が、どこで、今何をしているか？　お部屋にいるご利用者様の介護を誰がし、誰がトイレの補助をし、誰がお風呂場にいるかもわかるのは、ひとえにご利用者様の安全を守るためと、スタッフ同士の連携プレーをスムーズにおこなうためだ。インカムから、介護士の行動が手に取るようにわかるから、

「今、○○様、おトイレご所望、早く来てください」

と言っても、すぐに飛んで来られない理由もわかる。だから、私が手を貸してしまう時もあるのだ。

介護士さんを見ていると、ただ仕事だからってできる仕事ではないとつくづく思う。介護士さんは、若い人が多い。保育士さんのように、赤ちゃんを抱っこするわけではない。大の大人を抱きあげ、時には抱えて移動させることもある。体力も必要だし、体の自由が利《き》かない人のベッドから車椅子への移動には、コツも必要だ。

腰痛を訴える人も多い。それでも、ご利用者様が倒れかかったり、つまずいたりした時に、もし介護士が受けとめられなくて、一緒に転んだり、倒れたりして、ご利用者様にケガでもさせてしまったり、それが原因で病気が悪化したら、介護士の責任になることもある。

生活に寄り添う新しい家族

素直に、介護士に身を委《ゆだ》ねてくださるご利用者様ばかりではない。認知症のまれな症状だとは言うけれど、暴言を吐いたり、汚物を投げたり、噛《か》みつく、叩《たた》く、殴《なぐ》る、暴力を振るう認知症患者もいる。

介護士が暴力や暴言を吐いたら訴えられるが、認知症患者の理《り》不《ふ》尽《じん》と思える行動も介護士は耐えて、明るく振る舞わなければならない。病気がなせる業《わざ》だから。

それが仕事だろうと言ってしまえばそれまでだが、ストレスも溜まるだろう。

看《み》取《と》りに立ち会う介護士もいる。それは、終末期に入ったご利用者様を、介護士たちがチームを組んで、最後の最後まで気持ちよく施設で過ごせるよう寄り添い、できる限りの身の回りのお世話をした結果でも、

「もう少し、もっと何かできなかったかな」

という介護士の言葉を聞くと、この人たちは、仕事だからというだけでやっているのではないと、つくづく思う。慈《じ》愛《あい》の精神がなければできない仕事だ。介護スタッフは、連携プレーで、お互い助け合いながら介護をしていかなければ、よりよい介護はできないだろう。臨機応変に対処することが必要だ。

〈私はこれをする人、この作業は私の仕事ではない〉と、分担作業が好きな人は、介護職は選ばないほうがいい。

施設の介護職員は、ご入居が決まった時からご利用者様のご家族よりも、長い時間、共に過ごす。毎日、何人かでご利用者様の生活に寄り添う新しい家族でもあるのだ。

仕事は、時間どおりに終わることも多いが、心の残業は家に帰ってからも残っている。

〈○○様、今日、あんまり元気がなかったけれど、大丈夫かな？　そうだ、お花が好きだって言ってたから、私の持ってるお花の画集、今度、持っていこう〉

けっして現代の姥捨山ではない

母を入居させたことはよかったか?

介護施設で働いてみようと思った理由の中には、私が母を施設に入居させたことは、正しい判断だったのだろうか?　と自問自答することが、たびたびあったからだ。

有料老人ホームに入居される方の五十数パーセントは80代だそうだ。私の母も84歳で入居した。入居される理由はさまざまだろう。我が家のように、母が認知症になって、私が仕事をしながら在宅介護は無理になったのと同じ理由で親を入居させる人も多いだろう。

在宅介護を続けるために離職する人が年間10万人もいると言われ、その8割が女性だそうだが、私はその道は選ばなかった。というより、選べなかった。

有料老人ホームの入居は、完全介護が必要な病気や認知症になったため、家族が希

望して入居される方が大半だが、中には、

「老後のセカンドライフを楽しむため」

と自ら元気なうちに、夫婦で施設に入居される方もいる。

家族に勧《すす》められ、

「家族には、面倒かけたくないから、仕方ないの」

と家族同居に後ろ髪引かれる思いを振り切って入居される方もいる。

「今は自立しているけれど、いつ何時、どうなるかわからないから、家族もいないし、孤独死して近所に迷惑かけたくない」と言う方もいる。

親族すべてと縁《えん》を切って、自分の死後のことまで成年後見人に託して入居される方もいる。自立している方の入居の理由はさまざまだ。

ほとんどの人が新しい生活を楽しめていない

私は施設で、ご利用者様に一日一日を楽しんでいただくためのお手伝いをする仕事をしていたが、ご利用者様、平均年齢85歳、7割が女性の中には、残りの人生をどう楽しんでいいのか、途方に暮れる方もいらっしゃった。

お見合いで結婚し、はじめての引っ越しが夫の実家での結婚式の日。夫の実家で2人の子どもを産み、大舅《おおじゅうと》（配偶者の祖父）、舅、姑《しゅうとめ》の介護、看取りをし、夫も数年前に他界した。入院経験もなく、夫は旅行嫌いだったそうで、実家から遠くへ行くことはなかったそうだ。

趣味は編み物だが、老眼が進み、編みたいものもなくなり、子どもたちに連れられ〈当人は自分になんの相談もなく勝手に決められたと言っていた〉、人生二度目の引っ越しが、施設に入居した日だった。

「ここに来て、何をやっていいのかわからない。知らない人ばっかりだし、ご飯は作らなくていいから楽だけど、もう何もかも面倒くさくって、どうせ私、子どもに見捨てられたんだから」

「それは違いますよ。お子様たちは、お母様のご苦労をわかっていらっしゃるから、これからはご自分の人生を楽しんでいただきたいと思って、ここにお連れしたんだと思いますよ」と言っても、

「今さら、もういいの、面倒くさい」

少しずつ「暇だから、時間つぶしに行くわ」とお教室に参加するようにはなったが、

「折り紙、面倒くさい」「塗り絵、面倒くさい」「ちぎり絵、面倒くさい」ついに「トイレに行くの、面倒くさい」となり、6ヵ月過ぎる頃には、認知症がかなり進んでしまった。

自らセカンドライフを楽しもうと入居した方々は、スポーツクラブやカラオケに、施設内で新しくできた友人を誘って外出をしたり、温泉旅行に出かけたりする。お教室にも参加するが、好みもはっきりしていて、

「あら、今日はクッキングの日。もうさんざん今まで家でクッキングはしてきたから、私はお部屋で好きなDVDを見るわ。ネイルアートの日は誘ってね」とおっしゃる。

80代の女性たちは、ほとんどが元専業主婦で、仕事を続けてきた方は稀《まれ》だ。家事の合間に、家でお茶やお華《はな》を教えていたという方も若干《じゃっかん》いらっしゃる。夫が転勤族だったという主婦の方以外は、お嫁に行ったら、その地で長年暮らし、知人も行動範囲も暮らしている地域内で、遠出はたまに夫と旅行に行った時ぐらいだ。

長いこと同じ環境で暮らしてきた人が、年をとったからという理由で施設にやってきて、すぐに新しい環境に馴染《なじ》めといっても、それは無理だ。戸惑うのが当たり前だ。そして、「家族に見放された。家族に見捨てられた」と喪失感を持つことで、施設入

居も致し方ないと思おうとする。だから、すんなりとは新しい環境を楽しめないのだ。

究極のサービス業

ご家族たちは、親を見放したり、見捨てたつもりはない。親に残りの人生を、安心して過ごしてもらいたい、プロの介護士に任せたほうが、よりよい介護ができると信じて、親に入居を勧めているはずなのだが。

でも、私も母を施設に入れた時、私は〈母を見捨てたのだろうか〉という思いが頭をかすめた。

「施設という名の現代の姥捨山」と叔父から言われ、「お前は母親を施設に入れるほど、冷たい娘なのか？　姉貴がかわいそうだ」とも言われた。

だから、母を施設に送っていった帰り道、言いようもない罪悪感《ざいあくかん》に襲われた。

自ら施設を選び、セカンドライフを謳歌《おうか》しているご利用者様以外は、親子で話しあい、親は施設で生活をし、たまに会うのがお互いベストな選択と合意しても、親はどこかで喪失感を感じ、子はどこかで罪悪感を抱く人も多い。

親が寝たきりや認知症になり、家族では面倒を見るのが無理だということになっても、施設に預けることに罪悪感を抱く家族も多いだろう。

施設で働いてみてよくわかった。有料老人ホームは、現代の姥捨山ではない。介護のプロ集団だ。そして、究極のサービス業だ。

まだまだ完璧ではないが、多くの施設が試行錯誤しながら、より良質な介護、一人一人に寄り添う介護を目指している。

２０２５年には介護従事者が30万人以上足りなくなると言われているが、ロボット導入や外国人雇用で回避しようとしている企業もある。いずれ私も、自立できているうちに、自分で選んだ介護施設に入ろうと思っているが、今現在、どこにとは決められない。

グループホームにしても、介護付き賃貸住宅にしても、有料老人ホームにしても、一長一短あるし、入居希望の時の私の体調も関係してくる。それまでに、体験入居できるところにも行ってみたいし、入居してからも、お役に立つ人材でいたいと思っている。

いざ入居した暁《あかつき》には、大いに最後の人生を楽しみたいと思う。私の年代でいずれ介護施設を選ぶ人たちは今の80代、90代と違い、新たな環境に慣れるのに、さほど抵抗はない人が多いはずだ。

子どもたちに迷惑をかけたくないと考えている人も多く、互いに喪失感や罪悪感を持たずに、いい親子関係を保ちたいと思っているからこそ、自ら介護施設を選ぶのだと思う。2017年1月、私はある資格を取るために、介護施設を休職した。そして、資格が取れて、もっと勉強したい、もっと今後役立つ資格を取りたいと思いはじめた。

今、心理カウンセラー、シニアピアカウンセラー（傾聴《けいちょう》ボランティア）、終活ライフケアカウンセラーの資格を取りたいと思っている。これらは今後、介護施設で働くときも役立つし、私自身が入居した際にも役立つだろう。また、長年欲しかった日本語教師の資格にも挑戦したいと思っている。

1ヵ月の休職後、新たな資格を取る目標ができ、勉強したいために、介護施設をやめさせていただいた。1年6ヵ月、たいへんお世話になりました。

第４章　誰もがいつか介護される側になる

生存確認のための餌付け

まだまだ体も頭脳も大丈夫と思いたいが

子どもたちもそれぞれの人生を歩みはじめると、ちょっとやそっとでは、実家にならど帰ってこない。

何かの連絡はＬＩＮＥだし、しみじみ話す時は、娘が失恋した時くらいだ。

「たまには声を聞かせてくれないと、ママ、オレオレ詐欺《さぎ》に引っかかっちゃうかもよ」と息子に言っても、

「ママは大丈夫でしょう。息子さんが痴漢しましたって言われても、『あっははは、やると思っていました～～詐欺には引っかかりません』って、笑い飛ばして、電話切るタイプでしょう」

そうとは思うが、いつの間にか認知症になっても不思議ではない年代、判断力が衰《おとろ》

えることもあるだろう。自分はまだまだ、体も頭脳も大丈夫と思いたいが、忍び寄る病魔は、症状が出てはじめて気がつくわけで、ましてや認知症は、自分自身はおろか、家族でさえ初期は気がつきにくい。

相談できる家族が身近にいなければ、詐欺にだって引っかかるかもしれない。同年代の友人たちは、家族の介護でたいへんだったり、リタイアした夫に振り回されていたり、

「もう、亭主が朝から晩まで家にいて、うんざりよ。メシ、メシって、一日じゅう言われて。まだ、犬のほうがマシよね。ご飯は一回ですむし、文句は言わないし、添い寝しても可愛いし、犬のいびきは許せるけど、夫のいびきは許せない。あっ、ちょっと切るわね。散歩に行ってた亭主が戻ってきたわ。メシ作んなきゃだわ。ごめん、夜、電話して」

こっちが何か相談したいことがあっても、相手の愚痴《ぐち》を聞く羽目になり、あれ、私、なんの話したくて電話したんだっけってことになることも、たびたびだ。独身の女友だちに連絡しても、

「旅行に行きたいんだけど、ひとりじゃね〜つまんないじゃない。来週、一緒に行か

ない」と誘われ、

「急には無理だよ」と言えば、

「そうだよね。私と行ってもつまんないよね。いいよね、リサは子どもがいるから、寂しくないよね。私も子ども、産んどきゃよかった」

いや、そういうことじゃなくって、子どもがいるから寂しくないとかは、別の話で、あなたと行くとつまんないってことじゃなくて、単にスケジュールがってことで、とちょっと話が面倒くさくなる時もある。

女友だちって、むずかしい。子どもたちが小さかった頃は、子どもが中心のママ友はたくさんいたが、子どもの進路が変われば、自然と疎遠《そえん》になる。

私の小中高の同級生だって、お互い独身時代はたまには会ったが、年頃になると、ほとんどが専業主婦になり、仕事を持っている同級生は、私を含めて3人。同窓会で久々に会っても、夫の会社での立場の自慢か、子どもの学校、会社自慢、早い人は孫自慢。もちろん、自慢話はいいのだけれど、その中に、自分は今、何をしているか、何に興味があるのかの話が出てこないのは、残念だ。

また、夫の事業や会社での役職があまり芳《かんば》しくない人は、同窓会に来ないようで、それが噂話《うわさばなし》になるのも、私は得意ではない。

会社勤めであれば、同僚と言うのだろうか。私のモデル当時のライバルでもあった友人たちも、ほとんどが引退し、日本にいない人も多い。芸能界は一作品終われば、また次の現場へとてんでんばらばらになるので、

「今度、ゆっくり食事でもしようね」

と約束しても、それぞれのスケジュールが合わず、現実になりにくいことが多い。女友だちって、自分の家族とそれを取り巻く環境と経済が同じような状態でなければ、長く続かないのかもしれない。

くたばってたまるか

私はなんでも腹を割って話せる親友と呼べる女友だちが２人いる。いつか３人で船旅をしようと約束しているが、現状は、ひとりは親の介護、ひとりは突然の伴侶《はんりょ》の死によって起こった相続のことなどで裁判中で、旅どころではない。たまに電話で、愚痴を聞いたり、励ましたりする日々だ。いつかは、どちらも解決することだが、

「ね〜、こんなことしてる間に、こっちがくたばっちゃったら悔《くや》しいよね〜。60過ぎ

たら、温泉三昧《ざんまい》くらいできると思っていたのに。こんなに、肉体的にも、精神的にも疲れ切っちゃう年代になるとは思ってなかった。60代は、もう少し楽しめると思っていたの、甘かったわ」

これが現実だ。

私だって、介護が終わって、よし、これからは私の人生、謳歌《おうか》したいと思っている今、くたばってたまるかだ。

だが、あまり健康に気をつかうこともなく、不摂生《ふせっせい》も時にはし、運動嫌いの私はいつ倒れてもおかしくない年頃でもある。

子どもたちには言ってある。

「もし、ママが玄関で倒れているって、近所の人から、あなたたちのところに連絡があったら、すぐに救急車呼ばないでね。意識もなく、かすかに息してるようだったら、濡《ぬ》れたティッシュ、そっと顔に一枚おいて、息が止まるまで待ってから通報して。中途半端に延命治療とかして、寝たきりで、あなた方に迷惑かけるのは嫌《いや》だから」

「やめてよ、冗談でも。それって、殺人じゃない。それはできないよ。延命治療は、しないでってことでしょう。それは、わかってるから、それより、倒れないようにしてよ。部屋で倒れていたら、誰もわかんないんだから、具合が悪くなったら、すぐ病院行ってよ。すぐに連絡してよ」と言う。

そんなに言うなら、

「私の生存確認に、毎日、電話してこい」

と言いたいところだが、まっ、それも面倒くさいのもわかる。

ご飯会のねらい

そこで、そうだ。生存確認は、みんなにしてもらおうということで、近所の人や、カフェバーで知り合った若者たちを集めて、月数回、ご飯会をすることにした。職種も年齢もさまざま。食事でのルールは、自分が飲みたい飲み物は持参ということのみ。

フランス人と結婚したのこちゃんは〈実はふたりの出会いの日から私は知っている〉、私の帰りが遅くなった時は、先に我が家の台所で準備を始めてくれたりして、すっかり私の娘のような存在になった。

のこちゃん夫婦の友人たちもやってくるようになり、国籍もさまざま。若者たちはネット社会〈私もちょっとおこぼれをもらっているが〉で話が弾《はず》むと、実は友人の友人がフェイスブックで繋《つな》がっていたり、外国人の交換留学生の子の通う大学が自分と同じ大学だとわかり、今度、一緒に飲もうという約束になったり、しかも習っている教授が私の知り合いだったりして、世界は狭いね〜〜となる。

ノルウェー人の交換留学生の両親が日本観光に来た時には、我が家で手巻き寿司パーティーをし、ママ、パパたちと、フェイスブックで今でも連絡をとっている。言葉がわからなくたって、翻訳アプリがある、なんとかなるものだ。

そんなわけで給料前の息子、娘はうちに帰れば、おいしいものが食べられることに味をしめ、たまに顔を出す。

同年代の異業種の人たちとの交流は、若者たちにも楽しいことのようだ。時に我が家で知り合った若者同士が週末など、息子、娘たちと若者の街に繰り出したりしているみたいで、誘ってもらえない私は、ちょっぴり嫉妬《しっと》する。

人生を先に歩いている私の役目は、異業種の若者たちを結びつけ、困ったり、迷ったりした時は、手を差しのべ、相談にのって大人の知恵や私の交友関係をフルに活用し、助けることなのかもしれない。

事実、アメリカ留学する若者が宿泊先に困った時、アメリカにいる私の友人の友人が快く部屋を提供してくれた。会社をリタイアし、子どもたちも巣立っていった家に、空き部屋があったからということもあったが、日本からアメリカに勉強にやってくる日本の若者を、少しでも手助けしたいと思ってくれたようで、留学から帰国した彼は、「アメリカのお父さん、お母さんができて、うれしかったです。勉強だけでなく、みんなと生活をするという中で学んだことのほうが、自分の将来のために、もっと役立つと思いました」と言っていた。

その後、私も外国からやってくる学生や研究者を中心に、空き部屋になってしまった娘、息子、母の部屋を提供する時もある。持ちつ持たれつ、私の生存確認をしてもらうためには、こちらもなんらかの提供が必要だ。

娘、息子は家から帰る時、近所の若者たちや部屋に滞在している人たちに、「母の生存確認よろしくお願いします。何かあったら連絡ください」

と笑いながら言って、帰っていく。

若者がそばにいるということは、新しい情報や感性に触れる機会も多い。同年代の近所の友人たちも、

「ここのご飯会は、刺激があって楽しい」と言う。

「街ですれ違った時に、ハロー、元気ですか？　って声かけられて、うれしかった」

とも言う。

何かにつけて若者に説教したがるジジ、ババは二度と呼ばない。

マナーの悪い若者は、二度と誘わない。

老いも若きも、恋愛議論、政治議論、大いに結構。議論はしても喧嘩《けんか》はしないのがルールだ。

このような交流を私は、生存確認のための餌付けと言っている。

誰も介護なしに後半生は語れない

自分には関係ないと思っていたが

天涯孤独だろうが、家族がいようが、長生きすれば、介護なしの生活はあり得ない。

実際に、私には介護なんて関係ないと思っていたが、それは私が無知だっただけだ。

自由奔放に生き、

「私はぽっくり死ぬから、大丈夫よ」

と言っていた母だって、認知症になって7年の介護が必要だったわけで。私も長生きをすれば、いずれ何かしらの介護が必要になってくるに違いない。

日本には１００歳を超えている老人が６万人以上いる。その約87パーセントは女性だそうだ。しかも、年々増えている。

厚生労働省は「医療技術の進歩と高齢者の健康への意識の高まりなどが影響してい

る」と分析しているそうだが、この100歳を超えた老人たちの何人くらい、あるいは何パーセントの人が、自活自立生活ができているのだろう。

自分で稼ぎ、あるいは年金をもらい、朝起きて、誰の手も借りず着替えをし、洗面やトイレをすませ、自分で朝食を作り、昼食後には買い物に行き、夕飯を作り、家事が終われば、しばしの憩《いこ》いの時間を経て床に入る。

単調な一日だが、たったひとりで次の朝を迎える幸せと喜びを感じる人が100歳を超え、どこかにいらっしゃるのなら、私は会いにいき、何を食べているか、何が自立、自活のコツなのか、生きる心情は、ボケない元気な秘訣は、と根掘り葉掘り聞きたい。

実際には、家族や施設でいくばくか、どなたかの手を借りて生きていらっしゃる100歳超の方は多い。でも、このいくばくか、どなたかの手を借りて生活をするということが、介護なのだ。

洗顔や歯磨き、排便、着替え、食事、常備薬の管理、歩行、これらにひとつでも人の手が必要であれば、認定次第で要介護とみなされる。また、体は元気で、スムーズに日々の行動はできたとしても、食事したことや薬を飲んだことを忘れたり、商品を買っても支払いを忘れたり、散歩に出て、自宅への帰り道を忘れてしまうなどのようになれば、程度は違えど、認知症による介護必要者となる。

介護を経験したから気づけたこと

我が家の母も犬の散歩に向かったまま、数時間帰ってこなくなり、これが徘徊《はいかい》の始まりだった。

私の住んでいる街も、老人人口が増え、故《ゆえ》に区の特別養護老人ホームの入居待ち期間も４年以上になるわけだが、介護を経験してから街の風景を見ていると、独居老人が多いことにも気がついた。

毎日毎日、同じ格好をして、朝から晩まで、街中をうろうろしている老人を見かけても、介護経験前は、

〈家族は何してんだろう。着替えくらい用意してあげればいいのに、テレビでも見せてあげれば、こんなに毎日、歩き回らないだろうに〉

と思っていたが、介護を経験し、彼が独居老人であることに気がついた。きっと、近所の人も彼が徘徊しているとは思っていないだろうし、もしかしたら、あまりおつ

きあいもないのかもしれない。

ひとり住まいの老人には、役所から訪問相談の人が来たとしても、いつも昼間はいないのだから、聞き取り調査もできないだろう。むしろ、〈お出かけなんだから、元気なんでしょう〉と思われてしまうだろう。

どこかに子どもがいたとしても、毎日、電話で話してでもいない限り、親の変化には気づかない。

気がついても、ちょっと物忘れがひどくなっているくらいと思ってしまうというより、そう思いたいのも子ども心だ。だから、独居老人の事件、事故も増えている。

火の不始末による火災など〈うちの母もやかんを火にかけたまま、それを忘れ、散歩に行き、危うくボヤを起こすところだった〉、家族がいたって起こり得るのだから。

独居老人を狙った詐欺や、徘徊中に空き巣に入られたり、時に殺人に至る事件もある。

また、家族が、お父さんあるいはお母さんは運転できるのだから、認知症ではないと思いこみ、運転を続けさせていた結果、事故を起こす人も増えている。昔覚えたことは忘れなくても、判断力が追いついていかないのも、認知症の症状だ。

「75歳超えたら、免許取りあげればいいいんじゃない」

老いに無関心な人たちは平気で言うが、地域によっては、車がなければ買い物にも病院にも行けないところもある。しかも過疎化している村なら、一日2本しかなかったバスの運行が中止になるところもあり、ましてや若者に助けも借りられない。高齢になっても安全運転をできる人もいるが、高齢者の交通事故を心配するなら、何かしらの交通手段を編み出さなければ、なんの解決にもならないと思う。

通販会社との押し問答

母もお気に入りの通販番組の電話番号は覚えていて、15分おきに同じものを何回も注文して、大枚の請求書が来たことがある。私は通販会社に電話で、

「母は認知症なので、同じ苗字で同じ商品を短時間に何回も注文した時は、断ってほしい。できれば、今後、○○の名字で注文が来た場合、受け付けないでほしい」

と言った。すると、相手は、

「お客様、たいへん申しわけございませんが、お客様からのお電話でのご注文をこちらからお断りすることは、いたしかねます」

私は、「母は認知症なんです。だから、15分おきに電話して、何度も同じものを注

文しているんです。おかしいと、そちらは思いませんか？」

相手は台本を読むかのように、明るい声でこう言った。

「商品をたいへんお気に召していただいたため、何度もご注文いただいたと、こちらは理解しております」そして、こう続けた。

「クーリングオフの時期が過ぎておりますので、お支払い、いつしていただけますでしょうか。振り込み先と金額を申しあげます。○○銀行○○支店××××」

この対応がマニュアルどおりなのだろう。そして、

「代理人様のお名前ではなく、購入者様のお名前でお振り込みお願いいたします。本日、お問い合わせ、ありがとうございました。私、○○が承りました。またのご注文、お待ちしております」

電話が切れた。呆《あき》れるというか、笑えた。

でも、今後、通販会社などに、こういう苦情や訴えは増えていくだろう。近々、人口の3分の1が65歳以上になる日本。２０２５年には65歳以上の認知症患者数が約700万人に増加するのではないかとも言われているこの国。老人の多くを消費者にしている企業は、マニュアル対応だけではすまない時期がやってくるだろう。

ピンピンコロリと、

「昨日、社交ダンス教室に来てたのに、今朝、亡くなったんですって。お元気そうに見えたのに、残念だわ」

こんな旅立ちが理想だが、そうはいかないのが現実だ。

介護する側が終わったら、いつか介護される側になるのが、長寿、高齢化のつけなのかもしれない。

自分の周りの人が、本当は介護が必要になってきているのか、自分もそろそろ介護が必要か見極《みきわ》めるためにも、認知症サポーターの講座を受けることをおすすめしたい。

アナログ人間で終わらない

商店街のど真ん中に引っ越したわけ

私の住んでいる街は、新宿、渋谷に近いにもかかわらず、商店街にまだまだ活気があり、下町情緒もある、たいへん住みやすい街だ。都会は冷たいと言う人は、ぜひこの街をお勧《すす》めしたい。

子どもたちが学校に電車通学できる年齢になった頃に、商店街のど真ん中に私たちは引っ越した。商店街が元気ということは、朝早くから店を開けるところも多く、時には、

「昨日、オタクの兄妹、駅までダッシュで行ってたけど、遅刻しなかった？」と教えてくれたり、

「夕方、お兄ちゃんのほうを見かけたけど、なんか元気なかったな。大丈夫か？　風

邪でもひいたかな」と心配してくれたり、いい意味でお節介《せっかい》な店主もたくさんいて、子どもたちの登校下校も見守ってくれていた。

子どもたちが年頃になって、息子が床屋さんに行けば、「彼女、できたか？　どんな子だ？　この間、女の子と一緒にいたところ見たけど、あれが彼女か？」と言われ、息子曰《いわ》く、「この街はいい街だけど、噂《うわさ》が広まるのも早いよね。妹の友だちと喋《しゃべ》ってただけで、彼女ができたって、八百屋のおじさんまでからかうんだもん、まいっちゃうよ」

娘も、「お寿司屋の大将にも言われたよ。お兄ちゃん、彼女できたらしいねって。でも、あれ、私の同級生のエマちゃんのことでしょう。エマちゃん、いい迷惑だよね～、お兄ちゃんの彼女にされちゃって」と噂が広まっていることを話す。

私があえて商店街のど真ん中に引っ越したのは、実は、そういうお節介も含めて、地域で子どもたちを見守ってほしかったからだ。

隣に誰が住んでいるか知らないし、興味もないというのが都会というのであれば、そんな都会は、私は好きではない。

近所の人に会えば挨拶を交わすのは当たり前のことで、お祭りや街の行事などに家族で参加し、地域の顔見知りをたくさん作っておけば、なんかあった時に、多くの人が手助けしてくれる。まさに、母が徘徊をくり返した時も、商店街の店主たちや近所の住人さんに大いに助けられた。

商店街には、居酒屋やちょっとおしゃれなカフェバーもあり、誰かしら近所の顔見知りも常連さんでいて、老若男女楽しい会話が弾《はず》む。

「スマホにしても意味ないよ」

この街に住んでから、私は仕事以外で繁華街に出かけることはほとんどなくなった。

その頃、スマホが登場した。カフェバーでもその話題で盛り上がり、娘も息子もスマホに替えた。私は正直、何が優《すぐ》れているのかもよくわからぬまま、スマホを手に入れた。

「ママ、パソコンだってちゃんと使えないのに、スマホにしても意味ないよ。使いこなせないに決まってるよ」と息子に言われた。

当時のマネージャーにまで、

「リサさん、電話さえつながればいいんですから、その使い方だけは覚えてくださいね。説明書とかないので、誰かに電話の使い方だけは教えてもらってください。メールとか、わかんなかったら、ファックスで仕事内容は送りますから、スマホに替える意味あんまりないと思いますけどね」と言われた。

〈なに、その年寄りあつかい。私だって、使いこなしてみせる〉と張り切ったが、息子や娘に何度か使い方を質問するうちに、

「だから〜それさっきも説明したでしょう。アプリをダウンロードしなきゃダメなの。アップルストアにつないで、無料アプリか有料か選んで、カード決済にするなら、それ打ちこんで〜」

聞いてるうちに、私の頭はウニ状態になり、混乱するばかりだった。

当時、私はアプリもダウンロードもアップルストアも、何のこっちゃ、意味がわからず、娘にも、

「ママ、ガラケーに戻したほうがいいよ。だって、電話とメールさえできればいいんでしょう？　フェイスブックとかしたいの？　興味ないでしょう」

と言われて、またもやガラケーもフェイスブックの意味もわからなかった。携帯電話は便利だから、結構早くから使っていたが、パソコンには興味がないというより、

一から習わなければ使えないので、あきらめていた。
子どもたちは学校でとっくに教わっていたから、ノートパソコンを各1台持ってい
て、その支払いをするのが私の役目だった。結構、あの頃、ノートパソコンって高か
った。でも、学校から一人1台買えと言われれば、ママは頑張って働いて、豪華な教
材を与えていたわけだ。その子どもたちのノートパソコンを触ろうなんてすれば、
「ママ、やめて、変に動かして、消されちゃったりしたら困るから。ママは触らない
で」と怒られ、
「アナログ人間で何が悪い。便利なものには、何かしらの害があるわよ。パソコンが
使えなくたって、生活に支障はないわ」と自分に言い聞かせていた。
だから、パソコンに興味もなく使えない私がスマホに替えたって言っても、子ども
たちが意味ないと一笑しても当たり前だ。

毎晩、質問は2つまで

やっとスマホを使いこなせるようになるまで、かなりの時間がかかった。何度、壁
に投げつけて、スマホを粉々にしてやろうかという衝動をぐっとこらえ、夜な夜な、

近所のカフェバーに行き、若者に一杯おごり、少しずつスマホの使い方を教えてもらった。

自分の息子や娘に聞けば、「だから〜さっきも言ったでしょう」って喧嘩になりかねないことでも、お酒を飲みながら、近所の若者に聞くと、

「あっ、それはこうすればいいんですよ。結構、使いこなせてきましたね。○○のアプリも入れると便利ですよ」

と教えてくれる。だからって、いっぺんにあれもこれもと欲張って質問すれば、飲んでる席、やさしい若者だってうんざりするだろう。

質問は２つまでで毎晩終わらせたので、時間もかかったわけだ。アナログ世代は最新機器を使いこなせるまで、時間がかかる。

若者に聞くなんて、プライドが許さないという人もいる。

「マウスを持って、はいクリックして」

とパソコン教室で自分の息子より若い男子に言われ、

「マウスって何？　口で何すんの？　クリックって日本語で言って」

と言い呆《あき》れ顔をされたんで、

「もう、パソコン教室に行かない。パソコン使えなくたって、スマホ持ってなくたって、私の人生には支障はない」

と言った友人がいるが、確かにその通りで、人生に支障はない。

でも使えたほうが、調べもの一つとっても膨大《ぼうだい》な資料がすぐに手に入るし、世界中の人々とコミュニケーションを取ることもできる。災害時の情報集めに役立ったと言われる。

ネット社会も悪くない

駅の切符売り場やATMの前でタッチパネルに呆然《ぼうぜん》としている老人を見かけることがある。多少の知識を持たないと、電車にも乗れず、自分のお金もおろせなくなってしまう時代でもある。

「ママ、大丈夫だよ。音声反応で何でもやってくれる時代もすぐにやってくるよ」

と息子は言うが、私はスマホをきっかけに、インターネットを使い、さまざまな知識や出会いによって、介護も助けられた。ツイッターなんて、

〈なに、自分の行動をいちいち世間に公表してるのよ、バッカみたい〉

と思っていたが、若者から、

「おばあちゃんが徘徊の時、どこどこの地域でこんな服装でいくつくらいの老人を見つけたら保護してほしいってツイッターで流したら、効果あると思うよ。うちの猫もツイッターのおかげで、中野で保護されたもん。あっ、ごめん。おばあちゃんを猫と一緒にしちゃ、失礼か」

でも、実は効果が実際にあった。保護されたこともそうだが、見ず知らずの人から、

「うちも介護をしています。お互い、頑張りましょうね」

と励まされたりもし、知らず知らずに、自分だけがという被害者意識を持っていた私を、立ち止まらせてくれた。

フェイスブックで30年近く疎遠《そえん》になっていた友人が見つかり、彼女もアメリカでお母さんの介護をしていることを知った。スカイプでお互い、愚痴《ぐち》を言いつつ、励ましあい、乾杯をし、またいつか会おうねと、約束をした。

ブログを書くことで、自分の平常心を保てたこともあった。

そして、脳の活性化にもなるというゲームアプリをダウンロードし、毎日、脳の活性化、脳の活性化と、一時はゲームにハマりすぎ、子どもが小さい時、

「ゲームばっかりしてんじゃないの。どこがそんなに面白いの。ゲームは1日1時間」

と言っていた私の今の姿、子どもには見せられないなと反省した。

でも、正直、ネットが使えたほうが面白い。あふれる情報に振り回されず、自分にとってどの情報が有益、あるいは必要かという判断力さえ持てれば、ネット社会も悪くない。

保護犬は我が家の家族

ペットショップは嫌い

我が家は30年以上前から保護犬を飼っている。私は、あまり小型犬が好きではない。きゃんきゃんうるさいし、〈私って可愛いでしょう〉アピールがすごく、それも好かん。

これは飼い主さんのしつけにもよるのだろうが、自意識過剰の犬を見ると、やっぱりあの子たちはペットだな、と思ってしまう。その飼い主さんたちの会話を聞いても、○○チャンピオンの子どもだとか、

「プードルかチワワ、どっちにしようか迷っていたら、ペットショップのお姉さんにプードルを勧められて、感じよかったからプードルにしたの」

ペットイコール愛玩《あいがん》動物だから、その選び方も間違ってはいないのだろう。

基本的に、ペットショップは嫌いだ。40年以上前になるだろうか？　新宿西口のしょんべん横丁（思い出横丁）の入り口付近に、ちっちゃなペットショップがあり、小さなゲージに目いっぱい子犬、たまにかなり大きくなった子も詰めこまれていて糞《ふん》だらけに。新聞紙の上でみんな悲しげな顔をして、鳴いていた。

あそこから引き取られない子たちはどうなるのだろう。売られた子は、今どうしているのだろうと心配しながら、その前を通るのが嫌で、わざわざ迂回《うかい》していた。

最近は見かけないが、昔は縁日《えんにち》でひよこを売っていて、祖母に、

「みんな、飼ってあげようよ。可哀想だよ」と言うと、

「このひよこがみんなニワトリになったら、どうすんの？　庭にいっぱいいるニワトリを食べられる？　ずっと飼ってはいられないでしょう。それにね、このひよこたちは、長生きできないから、ここで売られているの」

ショックだった。その後、縁日でピンクに染められたウサギなんかも売られていて、〈あの子たちも長く生きられないんだ〉と思うと、胸が苦しかった。

じゃあ、金魚すくいはいいのか？　魚類を差別化しているわけではないが、唯一、祖母からお許しが出るのは金魚すくいで、毎年1匹ずつくらい飼っていた。最長、13

年生きた金魚もいたので、金魚の命の売買を許してほしい。

犬も猫も飼い主を選べない

そうなの、ペットショップって、私は命の売買を堂々とやっている場所だと思えてしまう。そして、売れ残った子たちの運命は、悲惨な時もあるのは、新聞紙面やテレビのニュースで知っている人も多いだろう。

日本で殺処分をされる犬は約１・６万頭、猫は約６・７万匹となっている（平成27年度環境省統計）。

飼い主の身勝手な理由で、捨てられたり、保健所に連れていかれる犬・猫たち。彼らは、自分の意思《いし》で死に場所に向かっていったのではない。保健所に入れられた犬・猫は、死を察して鳴きわめくもの、必死で飼い主を探すもの、断末魔《だんまつま》の声をあげるものが多いという。

人間の趣味嗜好《しこう》で犬・猫は品種改良をされたために、たまに奇形や病弱な子たちが生まれ、それを知らずに飼って（買って）しまった人は、犬・猫の介護まですするつもりはないと、獣医に安楽死を望む人もいるという。

人間の子どもだって、親と国は選べず、この世にやって来る（親を選んでやってくるという説もあるが）。

犬・猫たちは、飼い主を選べない。縁あって、犬や猫を飼うなら、飼い主は責任を持って最後まで面倒を見なければいけないと思う。人間の寿命の何倍もの速度で成長する、言葉は喋れないけれど、さまざまな表情を見せる家族。最期《さいご》は、家族である飼い主が看取《みと》らなければならないと、私は思っていた。

小型犬は好きではないと言ったが、20代の頃は4匹の小型犬（雄のちん親子、雄のヨークシャーテリア、唯一雌のダックスフント）たちを、母とともに飼っていた。

みんな飼い主が放棄した犬たちだった。私が外出中、ちょっと母が電話で目を離している隙に、ダックスフントとちんが合体し、妊娠してしまった。私は、

「もう、なんでそういうシーズンの時に、目を離したの？　オムツさせるか、隔離しておかなきゃダメだったでしょうに」と言うと、母は、

「若い男の子のほうはゲージに入れておいたわよ。出しておいたのは、おじいちゃんのほうだけよ。もう白内障で目も見えないし、大丈夫だと思って」

「あのね、目が見えなくたって、匂いでわかるの、犬は。それにね、人間だって、お

じいちゃんになってもパパになる人はいるでしょう」

その後、白黒のロン毛のおじいちゃんちんと真っ黒短毛のダックスフントの間に２匹の子どもが生まれた。その子どもたちは、黒の短毛だったが、胸毛がなぜか白の長毛、尻尾はクリンと丸まり、胴と足は長からず短からず、耳も長からず短からず、そして、顔はちん似のデコッパチで、眉間《みけん》から鼻にかけてスーッと伸びていたのは、ダックスフント似だったが、鼻と口元はちんに似て、断崖《だんがい》のように鼻ぺちゃ、受け口と、なかなかユニークな子たちだった。

６匹育てるのは無理ということで、絶対可愛がってくださると確信できた友人に、その子たちを委《ゆだ》ねた。友人は、

「散歩に連れて歩いてると、『はじめてこんな犬、見ましたけれど、種類何ですか？』とか、若い女の子なんて『きゃー、ブスだけど可愛い』とか、しょっちゅう言われるの。ブスだなんて、失礼な。すっごく頭のいい、いい子を失礼な」

と笑い話にもなった。

チェリーに助けられた母

4匹の小型犬たちのどの子も天寿を全《まっと》うした。その後、2匹の紀州犬っぽい保護犬を飼い、2人の子どもたちを私が自宅出産した際には、その犬たちも見守ってくれていた。

子育てにも、勘太郎《かんたろう》と雪之丞《ゆきのじょう》と命名した犬たちは、大いに役立ってくれた。雪之丞、愛称ユキは20年という長寿だった。

ユキの主治医さんから電話があったのは、ユキが亡くなってから半年後くらいだった。

「川辺に捨てられていた犬を保護して、飼い主さんを見つけたのだけれど、なつかないという理由で、保健所に連れていくというんですよ。もう、リサさんしかいないのよ。二度も人間に裏切られちゃった子なんだよ。このままほっとくと、殺処分されちゃうので、今、病院で保護してます。どうか、リサさんの家族にしてあげて」

そう、私にとっては、飼い犬は家族なのだ。

そして、引き取った子がチェリーだった。家族の一員となったチェリーは、子どもたちが寝る時間には各部屋を訪問し、添い寝をし、子どもたちが寝つくと母の部屋に行き、母に寄り添い、母が寝つくと私のそばに来て、私の愚痴を聞いてくれたり、晩《ばん》酌《しゃく》の相手もしてくれた。

そのチェリーの悲劇は、母の徘徊から始まった。

母が認知症になると、チェリーはますます母に付き添うようになった。お散歩は母の日課だったが、私たちはチェリーがいるからお散歩も大丈夫だろう、いつもの散歩コースを回ったら、自然に帰ってくるだろうと、たかをくくっていた。

だが、日に日に、散歩の時間は長くなり、それは徘徊となっていった。徘徊する母を発見すると、チェリーは付いてくるであろう母を振り返り、振り返り、ゆっくり前を進む。

私を発見すると、まるで〈大丈夫、ママ！　連れて帰ってきたよ〉と言わんばかりに、しっぽを振りながら、ゆっくり母を気遣《きづか》いながら、私に近づいて来るような子だった。

最後の演出をしたチェリー

母の徘徊がひどくなると、チェリーはどうやって覚えたのか、交番を見つけると交番の前で座りこむようになり、保護を望んだ。

「わんちゃん、自ら出頭して来ました」

送ってくださったおまわりさんに言われ、思わず笑ってしまったこともあった。

母が施設に入った翌年、チェリーは17歳で旅立った。

チェリーの死から学んだこともある。チェリーは毅然《きぜん》として死に向かっていったように思えた。

自力で歩けなくなると、己《おのれ》の最期が近いと本能でわかっていたのだろうか。食事や水を取ることを拒《こば》み、最後は家族に感謝の気持ちを伝えてから旅立ったとしか思えない。なぜなら、その日、偶然、息子も娘もうちにやってきていた。そして、その夕刻に息を引き取った。

チェリーの旅立ちは、残された家族に、もっと何かできたのではないか、本当に幸せな一生だったのだろうかと、後悔や疑問を感じさせない旅立ちだった。

死にゆくものの最後の演出を己でできるなら、チェリーの最期は見事だった。

私の心の介助犬モモ

ペットロスになった日々

チェリーの死から2年近く、私は、世に言うペットロスになっていた。日々の相棒がいなくなったというか、なんだか寂しい。仕事以外に出歩くことも、ほとんどなくなっていた。子どもたちにも、

「犬、飼ったら。運動嫌いのママは犬の散歩にでも出ないと、本気で動かないでしょう。運動不足もよくないよ」

わかっちゃいるが、自分の年齢を考えると、それまで我が家に来た子たちは、みんな長生き（最長20年）だったから、私が看取れるまで、自分自身が元気でいられるか不安だった。

犬の寿命は人間の寿命の4分の1以下とはいえ、15年以上は生きてほしい。私も年

齢的には、まだ生きていけるかもしれないが、重要なのは健康年齢で、足腰立たなくなっていたら、お散歩にも連れていってあげられない。

「そんなこと言ってる間に、どんどん年取っちゃうんだから、最後のチャンス逃《のが》しちゃうよ」

最後のチャンスという言葉に、ドキッとしつつ、そうなんだ、15年以上共に暮らしたいと思ったら、最後のチャンスなんだ。

友人がネットで、チェリーの子犬の頃にそっくりな保護犬を見つけてきた。

「ほら、見て見て、チェリーにそっくりでしょう。この子、引き取ってあげないと、幸せにしてあげないと」

一度、その子の姿を画面で見てしまったら、もう断れるわけがない。

それを知っている友人の罠《わな》に、まんまと引っかかってしまったわけだが、友人が言った。

「この子、女の子で、実は東京にいないんだ。四国で保護された子。新幹線で迎えにいくしかないね」

四国の犬の保護ボランティア団体の方に、岡山まで連れてきていただき、私が引き取ったその子が、今、共に暮らす、モモだ。

「これからは私がママだよ」

モモは野犬の子で、兄弟５匹と共に引き取られたそうだ。野犬狩りの後に残された子犬たちだったのだろう。野犬狩りには、猟友会が参加する場合も多く、モモの目の前で、親は死んだのかもしれない。

東京の我が家についても、モモは人生、あきらめたふうの冷めた目で私を見つめ、鳴くこともなく、まだ生後推定２ヵ月弱なのに、戯《たわむ》れるどころか、歩こうともしなかった。

暗がりを好み、大きな音に異常に反応し、震えた。ご飯も暗がりでそっと食べ、自ら行動をすることはなかったが、教えたトイレの場所だけは守った。

保護犬は、なかなか人間に心を開かない。そりゃそうだ、人間に怖い目にあわされたんだもの。私はできる限り、子犬用の抱っこ紐《ひも》にモモを入れて、側にいるようにした。

すると、少しずつ明るい場所にもなれ、我が家に来て１ヵ月過ぎた頃だっただろうか、モモが鏡に映る己の姿を見て、はじめて吠えた。

私は、恐怖、あるいは生まれつきの障害で、吠えられないと思っていたから、すごくうれしかった。

「大丈夫、モモ、これからは私がママだよ。楽しいこと、うれしいこと、面白いことをたくさん一緒に経験しようね」

私を信用してもいいと、モモも思ったのか、だんだん私の側に、自分から来るようになったが、他人には決してなつかず、音にも敏感で、私がいない時は、ベッドの下から絶対に出てこなかった。

最初の散歩も匍匐《ほふく》前進でしか進めず、近所の人に、

「新しい子飼ったのね。でも、この子歩けないの？　大丈夫？　病気？」

「保護犬なので、まだビビリなんですよ」

と答えたが、昼間にお散歩できるようになるまで、時間もかかった。

今、モモは、身長1メートル弱、体重19キロ、2歳半になり表情豊かな、愛らしい、でかい娘に成長した。

私の側から片時も離れず、寝相が悪く、いびきも大きく、猛暑にも添い寝したがる

のにはご勘弁《かんべん》と思う時もあるが、人を見る目も敏感で、私が、ちょっとあの人苦手《にがて》という人には、以心伝心か、おやつを貰《もら》おうが、媚《こび》も売らず、プライド高く生きている。

ま、ちょっと、私も親バカですが。

モモを見送る日まで

我が家はまだ孫がいないので、モモは私の孫的存在なのかもしれない。犬とはいえ、孫のような家族なので、私は躾《しつけ》教育にも熱心なつもりだ。

人間と共存していくには、私の家族とはいえ、犬にも守らなければならないルールがあると思うから、また残念ながら、犬が嫌いな人もいるのだから。

そしていつか、モモを見送る日が来るだろう。その日まで私は、元気でいなければならない。

モモという家族の犬を見送り、茶毘《だび》に付すのも、飼い主の責任と義務だと思う。

モモはいつも私に付き添い、わずかな時間も共に過ごそうと、トイレにもついてこようとするのは困っちゃうが、

「モモ、待ってて、〝待て〟です」というわけで、モモは待ても覚えた。

保護犬はなつかないという人もいるが、時間をかければ、心も開くし、たいへん主人に忠実な、心やさしい忠犬にもなる。

モモは保護犬から、私の心の介助犬になってくれた。

あとがき――誰もが老害候補

自分らしい人生に一番大切なものは何かと聞かれたら、私は「センス」と答えるだろう。

センスと言うとファッション用語と思われる方もいらっしゃるが、私の言うセンスは、五感であり、美的感覚や感性を磨《みが》く才能のことだ。

センスのいいジョークは笑えるが、センスのない下ネタは失笑を買う。

どんな高級ブランドを身につけても、マナーが悪く、知性のない言動や行動をすれば、私はセンスのない人と思ってしまう。男女の別れ方にもセンスは必要で、思いやりのない言葉選びをすれば、修羅場《しゅらば》になることも多い。

センスは知性でもあると思う。年とともに体力は落ちたとしても、感性・知性＝センスを磨くことは、生涯できるのだ。

なぜ、センスを磨きたいかと言うと、昨今《さっこん》、センスのない老人が多いからだ。そんな老人たちは、若者から老害と言われ、嫌われる。

融通《ゆうずう》が利《き》かない、頭が硬く自説を変えず、それを他人にも押しつける。

自分の人生に自信があるのはいいのだが、故《ゆえ》に自説を変えない。過去の栄光ばかりを話したがり、仕事や名刺の肩書がなくなった今を楽しめない。

「あの頃の私は綺麗《きれい》だったのに、亭主で苦労してこんなにシワが増えて、子ども2人も産んだからこんなに太って、ああ〜〜あの頃に戻ったら、絶対、結婚なんてしないわ」

本当に亭主や子どものせいか？ 「明日からダイエット」って言いながら、ケーキバイキングにしょっちゅう行ってるの、知ってるぞ。

もし過去のことにしか、自分の存在や名誉を感じられないのだとしたら、それは残念な人生だと思う。過去は、今ある己《おのれ》の人生に感謝すべき経験だと思ったほうがいい。

そして、過去に戻り、やり直したいと言いつつ、現代の多様なライフスタイルは認めず、古い価値観を若い人に強《し》いる。

しかも、時間を持てあましている人も多いので、とにかく話がまどろっこしくくどい。しまいには、自分も何を言いたかったのか、わからなくなってしまう。挙げ句の

果てに、

「もう、年取ったから、仕方ないのよ。あ〜〜ヤダヤダ、年取るって」と、開き直りつつ、

「ねえマスター、コーヒーおかわり。シルバーサービスとか、65歳以上は無料とかないの？」と、老人であることを利用する。

加齢とともに、臭覚《しゅうかく》も衰《おとろ》えるのか、やたら香水を振り撒《ま》き、いい匂いどころか鼻につき、周りは食欲も萎《な》えてしまう時があるが、当人は気がついていないようだ。

おじいちゃんたちは、加齢臭を気にするが、これは若者も臭いので（ホルモンのせい？）、お互いさまだ。

そう、老害があるように、若害《じゃくがい》もあるはずだが、発信力は若者からのほうが圧倒的に強く、また老人がこんなに増えてきたのは昨今なので、老害という言葉を若者が使うのも仕方あるまい。

でもね、若者もいずれ高齢者になる。だから、すべての人が老害候補なのだ。

私は今、生かされているだけで儲《もう》けもの。だったら老害老人ではなく「老益老人」になりたい。センスある生き方の知恵袋を持った、笑顔でありがとうをいつでも言え

る老益ばあちゃんに、私はなりたい。
最後まで読んでくださった皆様に、ありがとう。

秋川《あきかわ》リサ

著者略歴

一九五二年、東京都に生まれる。一九六八年、資生堂のサマーキャンペーンでCMデビュー、帝人専属モデル、雑誌「アンアン」などのトップモデルとして活躍。以降、モデルタレントの先駆けとして、テレビドラマ、バラエティ番組、映画、舞台に出演、女優、タレントとして活躍。二〇〇一年には、ビーズアート教室を開設し、ビーズ刺繡の普及にも努める。二〇一四年、母を介護した体験を赤裸々に綴った『母の日記』を出版。大きな反響を呼ぶ。現在、介護関係の講演も各地でおこなっている。

著書には『母の日記』（NOVA出版）のほかに、『私のラマーズ法出産と育児ノート』（講談社）、『秋川リサの子育てはいつだって現在進行形』（鎌倉書房）、『秋川リサのビーズワーク』（日本ヴォーグ社）などがある。

60歳《さい》。だからなんなの

――まだまだやりたいことがある

二〇一七年九月七日　第一刷発行

著者　秋川《あきかわ》リサ

発行者　古屋信吾

発行所　株式会社さくら舎　http://www.sakurasha.com

東京都千代田区富士見一-二-一一　〒一〇二-〇〇七一

電話　営業　〇三-五二一一-六五三三　FAX　〇三-五二一一-六四八一

編集　〇三-五二一一-六四八〇

振替　〇〇一九〇-八-四〇二〇六〇

装丁　アルビレオ

写真　大野彰彦

印刷・製本　中央精版印刷株式会社

ISBN978-4-86581-115-5